무조건
가위바위보
이기는 법

도쿄대 교수가 실천하는
확률로 생각하는 습관

무조건

가위바위보
이기는 법

니사우치 히로무 지음, 신현호 옮김

비전코리아

불확실한 세계, 확률적 사고로 이겨내자

우리는 '내일 확실히 일어날 일'을 도대체 얼마나 알고 있는가? 혹은 사회생활을 하면서 '확실히 맞다'고 장담할 수 있는 일은 몇 가지 정도 있었는가?

여기서 '확실'이라는 단어는 '틀림없이 100% 그러함'이라는 뜻이다. 그렇다면 '오늘밤 잠자리에 들어 내일 아무 일 없이 일어나서 아침밥을 먹고 직장이나 학교에 간다' 이것은 확실한 일일까? 뜻하지 않은 재해나 사고가 일어나서 평화로운 일상이 깨어지는 일은 없다고 확실히 장담할 수 있는가?

더 원초적이고 단순한 명제로 '까마귀는 검다'는 말이 확실한 사실일까?

기호논리학에는 '헴펠의 까마귀(Hempel's ravens)'라는 유명한 역설이 있다. 이 역설은 "모든 까마귀는 까맣다"는 것을 논리학적으로 증명하는 과정에 관한 것이다. 까마귀가 검다는 것은 어린아이라도 알고 있지만 헴펠(Carl Hempel, 1905~)이라는 철학자는 그것을 증명할 수 있는지에 의문을 가졌다.

우리는 지금까지 여러 장소에서 수많은 까마귀를 보아왔다. 그런 경험을 통해 직감적으로 '모든 까마귀는 검다'라고 추정한다. 그러나 그것은 어디까지나 개인의 체험이고 주관일 뿐 모든 까마귀가 검다고 어떻게 확실히 장담할 수 있을까, 하고 그는 문제 제기를 했다. '까마귀는 검다'는 문장은 단 한 마리의 하얀 까마귀만 있더라도 '모든 까마귀가 검지는 않다'로 사실 관계가 달라진다. 하지만 까마귀가 검다고 주장하는 사람은 단지 흰 까마귀를 자신이 직접 본 적이 없다는 이유로 그런 주장을 할 뿐이다.

그런데 사실 흰 까마귀는 이 세상에 실제로 존재한다.

알비노증이라는, 색소를 만드는 유전자의 이상으로 전신이 새하얀 다양한 동물이 나타난다. 신의 심부름꾼이라며 영물로 여기는 백사, 서커스단에서 사육되는 흰 호랑이나 사자들도 모두 이 알비노에 해당한다. 자연계에서 흰 동물은 결코 진기한 현상이 아니다.

까마귀도 예외는 아니어서 알비노 개체가 존재한다.

그렇다고 해서 '까마귀는 검은 것도 있고 흰 것도 있다'며 늘 그 사실을 인식하며 살아야만 할까? 당연히 그럴 필요는 없다. 기본적으로 알비노 까마귀를 보는 일은 좀처럼 없을 테고, '까마귀 중에 알비노가 포함돼 있는지 없는지를 따지며 관찰' 하는 게 인생에 크게 영향을 미칠 일 또한 없을 테니까 말이다. 그러므로 '어느 정도 확실한 것'을 근거로 '까마귀는 검다'라고 단언한들 곤란한 일이 생기지는 않는다.

인간의 직감은 기계로는 흉내 낼 수 없는 멋진 능력이지만 때때로 경험 밖의 일이나 별것 아닌 오해 따위로 쉽게 속아 넘어가기도 한다. 우리가 살고 있는 현대 사회는 늘 변화를 거듭하는 만큼 매우 '불확실'한 형태를 띠고 있다. 그리고 이 현대 사회 안에서 적잖은 사람들이 악의를 가지고 있든 아니든 우리의 직감을 왜곡하여 진실을 뒤덮기 위한 행동을 하기도 한다.

그러나 바꾸어 말하자면 거기에는 늘 커다란 도전과 기회가 공존하고 있는 것이다. 뭔가 중요한 결단을 내릴 때 사회의 불확실성을 이해하고 직감을 왜곡시키지 않도록 노력해야 한다.

현 상황을 올바르게 정리하고 이해하는 능력이야말로 현대 사회를 살아가는 여러분에게 커다란 기회를 제공하는 밑거름이 될 것이다. 그것이 바로 확률적 사고를 가지는 것이다.

확실한 것 하나 없는 현대 사회에서 이 책이 여러분에게 늘 후회 없이 최선의 길을 선택하도록 도움이 되었으면 하는 바람을 가진다.

니시우치 히로무

C O N T E N T S

제3장 무엇이 확률을 왜곡시키는가

확률적 사고 이론편

제4장 모르면 모르는 대로 목표부터 설정하라

제5장 모르면 모르는 대로 흑백을 가려놓아라

제1장

'확률적 사고'로
무엇이 바뀌는가

우리는 상황이 조금만 복잡해져도 숫자에 근거한 판단을 버리고 직감에 의존하려고 든다. 그러나 머피의 법칙의 예처럼 직감은 착각을 잘한다. 적어도 자기 안에 정리가 다 되어 '이것이 최선이다'라고 생각하는 것을 선택하면 후회나 불안은 없다.

1. 불확실성이 큰 상황에서의
올바른 의사결정 방법

우리 모두는 아무런 근거도 없이
직감에 따라 중요한 결정을 내리는 경우가 많다.

어느 날 갑자기 감기에 걸린 사람이 있다. 그 원인은 무엇일
까? '감기균이나 바이러스가 원인이다'라고 말하거나 '자기관
리를 잘못했기 때문이다'라고 말할 수 있다. 다 가능한 답이지
만 이것만으로는 충분하지 않다.

첫번째의 '감기균이나 바이러스가 원인이다'는 언뜻 생각하
기에 과학적인 대답처럼 보인다. 근대를 거쳐 현대에 이르기까
지 눈부시게 발전한 의학은 균과 바이러스의 존재를 밝혀냈고
그것들이 우리 몸에 들어와 어떤 작용을 하는지까지 알아내 많

은 병이 정복되었다.

그럼에도 불구하고 감기 특효약이나 완전한 예방법은 아직 발명해내지 못했다. '감기균이나 바이러스'라고 한마디로 말하지만 진짜 감기균이나 바이러스는 그 종류와 형태가 너무도 다양해 모든 것에 맞는 백신을 개발하기란 사실상 불가능에 가깝다고 한다. 그런데 누구는 감기에 잘 걸리지만 주위에 온통 감기 환자가 판을 치는데도 멀쩡한 사람이 있다. 그러니 균이나 바이러스만이 감기의 원인이라고 단언할 수 있을까?

두 번째로 '자기관리를 잘못했기 때문'이라는 대답도 틀리다고는 할 수 없지만 완전히 다 맞다고도 할 수 없다. 날마다 손 씻기와 칫솔질을 철저히 하고, 균형 잡힌 식사를 하며, 적당히 운동하고, 일찍 자고 일찍 일어나며, 집 안 청소를 열심히 하는 일 등을 자기관리라 했을 때, 과연 위의 사항 가운데서 어느 하나라도 소홀히 하면 다 감기에 걸리는 것일까? 거꾸로 자기관리를 철저히 한다면 어느 누구라도 감기에 걸리지 않을까?

사람에 따라 면역력에는 엄청난 차이가 있다. '평소 병에 잘 걸리지 않던' 사람이 건강한 생활에 다소 신경을 써서 '누구라도 이 정도 자기관리만 하면 감기에 걸릴 이유가 없다' 즉 '감기에 걸리는 사람은 일상생활에 문제가 있다'라고 생각하는 경향이 있는데, 아무리 그래도 누군가는 감기에 걸린다.

혹시나 싶어 전 세계의 학술 논문을 들춰보며 '절대로 감기에 걸리지 않는 라이프 스타일' 같은 것이 연구되어 있는지 조사해보았다. 하지만 '바로 이런 생활방식'이다 싶을 정도의 연구 결과는 찾을 수 없었다. 설령 그런 방식이 존재하더라도 누구든 그 정도까지 자기관리를 철저히 할 수 있는 환경에서 생활하는 게 가능할까?

다시 말해 '자기관리만 철저히 하면 감기에 안 걸린다'는 '흰 까마귀는 없다'라고 말하는 것보다 더 자신의 경험에만 근거해 순간적으로 판단하는 직감(直感)에 의한 판단이다. 직감이란 어떤 현상을 접했을 때 곧바로 느끼는 감각을 말한다.

직감은 맞을 수도 있지만 틀릴 수도 있다. 감이 좋은 사람은 감대로 해서 일이 잘 풀리기도 하지만, 대다수 사람에게 있어 직감이란 아무 근거 없는 감정의 문제인 경우가 더 많다. 그리고 인간의 감정은 착각을 잘한다. 머피의 법칙만 봐도 그렇지 않은가. 인생에는 좋은 일도 있고 나쁜 일도 있는데 유독 나쁜 일만 더 기억에 남아 잘 떠오른다. 그런데도 직감만을 믿을 수 있을까?

우리 인생은 '감기에 걸리는 원인'처럼 너무도 복잡한 요소들이 결합되어 확실한 원인도 모르고 또 원인을 알아냈다고 해도 어떻게 대처하면 좋을지 알 수 없는 일투성이다. 심지어 대처법까지 알아냈다고 해도 모든 사람이 그 방법을 실행할 수 있는 것은 아니다.

바이러스나 균은 우리 주변에 늘 존재하지만 누구나 감염되어 감기에 걸리지는 않는다. 자기관리를 철저히 하면 좋겠지만 그렇지 않았다고 곧바로 감기에 걸리는 것도 아니다. 혹 무균실 같은 공간에서 1년 365일 생활하면 감기에 안 걸릴지는 몰라도 실제로는 그렇게 할 수 없다.

지금 우리가 인생에서 직면하게 되는 대다수 문제는, 감기처럼 무엇을 했기 때문에 반드시 어떻게 되는 것이 아니고, 그에 대한 확실한 해결책은 비현실적이어서 실행할 수 없다.

스포츠에서도 이와 같은 상황이 종종 발생한다. 야구나 축구를 예로 들어보겠다. 스포츠 뉴스를 보면 거의 매번 해설자들은 각 경기의 중요 장면을 틀어놓고 '이 결정적인 순간에 타자의 어깨에 너무 힘이 들어가서' 혹은 '공을 찰 때 선수의 중심이 한쪽으로 쏠려 있어서' 등 자기 나름대로 실패한 원인을 들어가며 결과론적인 말들을 한다. 심지어는 선수의 평소 생활마저 들먹이며 '그런 식으로 생활하니 어처구니없는 실수를 저

| 감기에 걸리고 말았다! 그 원인은? |

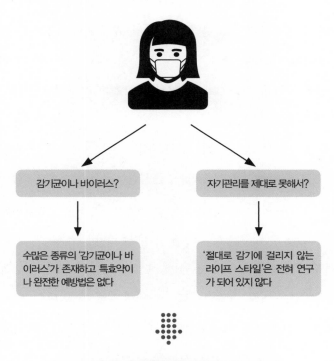

감기균이나 바이러스?

자기관리를 제대로 못해서?

수많은 종류의 '감기균이나 바이러스'가 존재하고 특효약이나 완전한 예방법은 없다

'절대로 감기에 걸리지 않는 라이프 스타일'은 전혀 연구가 되어 있지 않다

이런 일이 일어난 정확한 원인도 모르고
확실한 대처법도 없다

불확실성이 큰 상황
최선의 결정을 내리는 방법은 무엇일까?

지른다' 같은 악담도 서슴지 않는다.

그러나 야구시합에서 어떤 일류 타자든 절반 이상은 아웃을 당하며 축구시합에서도 한 경기에서의 슈팅수와 득점수를 생각할 때 80% 이상은 골로 연결시키지 못한다. 그런데도 단 한 번의 성공이나 실패를 놓고 일일이 원인을 따져가며 무턱대고 아무 말이나 하고 본다.

이처럼 무엇이든 명확한 원인을 따지려는 '결정론'과 정신적인 부분에서 원인을 찾으려는 '근성론', 결과가 나온 다음 이러쿵저러쿵 말하는 '결과론' 따위는 문제를 해결하거나 상황을 더 좋게 만드는 데 아무런 도움이 되지 않는다.

그렇다면 불확실성이 큰 상황에서는 어떻게 행동해야 할까? 그 대답은 바로 '확률적 사고' 안에서 찾을 수 있다.

2. 확률적 사고란 무엇인가

모르는 부분과 아는 부분을 대략적이라도 확률적으로 정리해본다.

확률적 사고란 이처럼 불확실성이 큰 상황에서 '모르는 부분'과 '모르는 가운데서도 아는 부분'으로 상황을 정리해 생각하는 것을 말한다.

여기에 4할 타율을 안정적으로 유지하는 타자가 있다고 치자. 이 타자가 다음 타석에서 확실히 안타를 때려낼지는 아무도 모른다. 지속적으로 4할 타율을 유지하는 타자라면 야구의 세계에서는 야구 역사를 통틀어 한 사람 있을까 말까 할 정도로 대단한 선수다. 그래서 늘 안타를 칠 거라고 무심코 생각하기 쉽지만 사실은 절반 이상(6할)은 아웃을 당한다. 하지만 중요한 순간엔 대타를 내보낸다면 2할 타자와 4할 타자 중 누구라도 4할 타자를 선택할 것이다.

야구를 잘 모르는 사람을 위해서 주사위를 예로 들어 다시 설명해보겠다.

주사위를 던져 1, 2, 3, 4 숫자가 나오면 상품을 받는 게임과 5나 6이 나왔을 경우에만 상품을 받는 게임이 있다고 치자. 어차피 '다음에 나오는 주사위의 숫자'는 아무도 모른다. 하지만 아는 부분을 정리해보았을 때, 전자가 확률적으로 더 당첨될 가능성이 높다. 결국, 받게 되는 상품이 같다면 대다수 사람은 앞의 게임을 할 것이다. 이처럼 우리는 일상생활에서 어느 정도는 확률적 사고를 하는 셈이다.

머리말과 앞에서 이미 언급했듯이 세상에는 확실한 것이 없으며 잘 모르는 일투성이다. 다음 타석에서 타자가 안타를 쳐낼지, 주사위가 이번에 어떤 숫자를 나타낼지, 지금 눈앞의 슈팅이 골로 연결될지, 내일 감기에 걸릴지 등, 누구든 아무것도 확실히 알지 못한다. 한 걸음 더 나아가 내일 지진으로 살고 있는 집이 무너질 확률이나 다음에 보게 될 까마귀가 흰색일 가능성은 어차피 확률이 '0'이 아닌 이상, 엄밀하게 말하면 그 여

| 확률적 사고를 해야 좀 더 유리하다 |

타석에 누구를 내보내는 게 좋을까

4할 타자

2할 타자

누구라도 4할 타자를 기용한다
그러나 다음 타석에서 안타를 칠지 어떨지는 아무도 모른다

어느 쪽 게임을 하는 게 더 유리한가?

1~4의 숫자가 나오면 상품을 받는다   5, 6의 숫자가 나와야만 상품을 받는다

누구라도 확률적으로 더 당첨 기회가 큰 왼쪽 게임을 한다
그러나 다음에 어떤 숫자가 나올지는 아무도 모른다

부는 아무도 모르는 일이다.

그렇지만 우리는 누구라도 좀 더 확률이 높은 쪽을 선택할 때 장기적으로 자신에게 유리하다는 것을 이미 알고 있다.

즉 이 '장기적으로 볼 때'라는 말이, 불확실한 세계에서 유일하게도 확률적 사고에 의해 '모르는 가운데서도 아는 부분'이라 할 수 있다. 상황이 단순하다면 누구라도 확률적 사고를 해 '모르는 가운데서도 아는 부분'을 밝혀내 행동한다. 그렇지만 대다수 사람들은 상황이 조금만 복잡하게 얽혀도 곧바로 확률적 사고를 내팽개치고 직감에 의지하려고 든다.

앞에서도 밝혔듯이 직감이 결코 나쁘다는 것은 아니다. 인간의 직감은 과학이 이처럼 발달한 현대에서도 여전히 컴퓨터나 수식으로 풀지 못하는 영역을 설명해주기도 한다. 하지만 그것은 어디까지나 왜곡당하지 않고 있는 그대로 직감이 발휘되었을 경우에만이다. 세상이 복잡해질수록 많은 사람들이 의식적이든 무의식적이든 우리의 직감을 왜곡시키는 정보를 퍼트리고 그런 정보는 다양한 경로를 통해 더욱 더 확대 재생산된다.

그래서 최후의 순간 직감을 발휘하게 되더라도 그 직감을 올바르게 활용하는 방법론으로써 '현재 상황을 정리한다'는 것의 중요성과 어떻게 해야 좋은지를 이 책을 통해 설명하고자 한다.

〈머니볼〉 - 야구에서도 사용하는 확률

확률적 분석방법 중 하나로 세이버매트릭스(Sabermatrics)라는 것이 있다. 과학적 수치를 바탕으로 야구 시합에서 이기는 방법을 찾으려는 기법이다. 빌 제임스(Bill James)가 처음으로 1970년대 제시했는데 이후 수많은 변화를 겪어와 이제는 야구 전반에서 쓰이고 있다.

이는 실제 〈머니볼〉이라는 제목의 영화로도 제작되어 만년 꼴찌 야구단도 빅리그에서 우승을 다툴 수 있다는 사실을 보여주었다. 오클랜드 애슬레틱스 팀이 실제로 세이버매트릭스를 적용해 미국 메이저리그 20연승의 대기록을 세운 것을 내용으로 한 영화이다.

최근에는 야구 외의 다른 스포츠 분야에서도 데이터 분석을 통해 승리를 이끌어낼 수 있는지, 다양한 방법들이 연구·시도되고 있다.

3. 최고의 선택과
최선의 선택은 다르다

인생은 의식하든 못하든 선택의 연속이다.

최고(最高)의 선택을 하기 위해서는 원인을 확실히 알고 그 해결방법도 명확해야 한다. 그렇지만 세상의 대다수 일은 결정적인 원인도 찾기 힘들고 어떤 방법으로 해결해야 하는지는 더더욱 알 수 없는 경우가 많다. 즉 최고의 선택을 할 수 없는 상황이다. 그렇기 때문에 모든 사람이 최고의 선택을 하길 바라지만 현실에서는 늘 주어진 조건하에서 가능한 최선(最善)의 선택으로 만족해야 한다.

그런데 어떻게 해야 최선의 선택이나마 할 수 있을까? 여기서 확률적 사고의 중요성이 다시 한 번 드러난다. 결정적인 원인을 어디에서도 찾을 수 없고 정말로 확실한 일은 아무것도 없는 상황일지라도 최저한도로 알고 있는 확률을 정리해나가면 늘 최선의 선택을 할 수 있다.

우리는 이미 4할 타율의 타자는 2할 타자보다 확실히 더 많은 안타를 쳐낸다는 사실을 알고 있다. 즉 상황을 숫자로 정리하면 결과를 예측할 수 없는 경우라도 필요에 따라 자신에게 유리한 선택을 할 수 있다는 말이다.

그러나 대다수 사람들은 상황이 조금만 복잡해져도 '잘 모르겠지만 이렇게 하는 것이 좋을 듯해'라며 숫자로 따져보려고조차 하지 않는다. 도대체 왜 그럴까?

가장 큰 이유는 확률적 사고를 하기 위한 정리를 제대로 못하기 때문이다. 나아가 그렇게 하기 위한 과정이나 사고방식에 대해 지금까지 아무도 가르쳐주지 않았고, 따라서 연습할 기회도 없었기 때문이다.

인생은 의식하든 못하든 선택의 연속이다. 그리고 보통 뭔가를 선택해야 하는 상황은 대부분 '한 치 앞도 분간하기 힘든 어둠'이다. 인생의 전환점에 섰다면 선택의 중요성을 확실하게 느끼겠지만 실은 지금 이 순간에도 우리는 크고 작은 선택을 강요받고 있다.

예를 들어 언뜻 안정적인 일을 하고 있는 것처럼 보여도 그 안정은 얼마 안 가 무너져 내릴지도 모르고, 일단 그 안정이 흐트러진 뒤 나중에 되돌아보면 좀 더 빨리 전직을 결단하지 않은 자신을 후회할지도 모른다. 소극적으로 주변에 휩쓸려 살기보다는, 자신이 지금 이 순간 어떤 선택도 할 수 있는 자유로운 처지에 놓인 것에 감사하며 매순간 최선의 선택으로 인생을 더 풍요롭게 만들어야 하지 않을까?

최선의 선택을 하기 위해서는 다음의 네 가지가 필요하다.

첫째, 평상시 자신의 직감을 왜곡시키는 말에 민감하게 대응할 것. 바꿔 말하면 자신의 직감이 현실의 확률과 어떤 식으로 어긋나 있는지 확실히 파악해야 한다는 것이다.

둘째, 가급적 정확하게 하나하나의 진실을 파악할 수 있어야 한다. 그러려면 자신의 경험만이 아니라 세상의 객관적인 정보를 능숙하게 활용할 필요가 있다. 또 '가급적 정확하게 진실을 파악하자'라고 단순하게만 생각하지 말고 그 진실에 얼마만큼의 부정확성이 내포되어 있는지 알아보는 것도 중요하다.

셋째, 그렇게 알게 된 정확성과 부정확성을 아울러서 파악할 수 있어야 한다. 그래야 비로소 하나하나의 진실을 바탕으로 실수를 최소한도로 줄이는 의사결정을 할 수 있게 된다.

이 단계까지 왔다면 이제 어느 정도 확률적 사고를 갖추게 되었다고 봐도 좋다.

마지막으로, 이 모두를 조합하여 지금 상황과 자신에게 무엇이 중요하고 중요하지 않은지 정리하여 가장 만족스럽게 생각하는 선택을 찾아내는 구체적인 방식을 몸에 익혀야 한다. 이렇게 되었을 때야 비로소 이 불확실한 세계에서 자유롭고 풍요로운 인생을 누릴 수 있게 된다.

지금까지의 내용만으로는 아직 확률적 사고가 확실히 이해되지 않았을 것이다. 그러나 이 책을 차분히 끝까지 읽다 보면 누구라도 최선의 선택에 필요한 위 네 가지 방식을 몸에 익혀 숫자적 사고에 바탕을 둔 생활을 하게 될 것이다.

4. 확률적 사고는 불안과 후회를 줄인다

최선을 다했다는 생각이 들면 후회나 불안감은 없다.

'확률적 사고'라는 표현을 들으면 수학용어 같아 왠지 접근하기 어렵다는 느낌이 들어서인지 '그렇게 일일이 숫자에 신경쓰며 계산적으로 굴면 인간미가 떨어지고 늘 피곤하잖아. 나는 직감적으로 사는 게 마음 편하고 좋아'라고 생각하는 사람도 있다. 하지만 그런 사람일수록 오히려 확률적 사고가 더 필요하다. 즉 마음 편하게 살기 위해 꼭 숫자가 필요하다는 말이다.

앞날에 대한 '불안'과 지나간 일의 '후회'는 우리네 인생을 불행하게 만들고 현재를 충만하게 살지 못하게 하는 가장 큰

두 가지 원인이다. 확률적 사고를 해야 하는 이유는 단지 돈을 많이 벌고 남들이 부러워하는 성공을 거두기 위해서만이 아니다. '불안'과 '후회'라는 불행의 근원으로부터 해방되자는 것이다.

앞에서 야구선수가 안타를 치지 못하는 장면을 되풀이해 보여주며 스포츠 뉴스 해설자는 '왜 칠 수 없었는지' 여러 이유를 들어가며 설명한다는 이야기를 했다. 확률적 사고가 몸에 배어 있지 않으면 비단 스포츠 뉴스의 해설자뿐 아니라 선수 자신이나 뉴스를 보는 우리도 똑같이 '왜 실패했는가' 하며 과거에 발목이 잡혀 끊임없이 되돌이표 반성만 하는 사고에 빠지기 십상이다. 하지만 확률적 사고의 세계에서는 '왜 실패했는가' 하는 이유에 대해 명확한 대답을 해준다. '세 번 중 두 번은 실패하니까'라고.

인생의 정말로 중요한 순간에 단 한 번 주어진 기회를 확실히 잡으려면 어떻게 해야 할지 고민하고 반성하는 자세는 좋다. 그러나 가장 중요한 것은 하나하나의 상황이 아니라 이후로도 끊임없이 맞닥뜨리게 될 온갖 기회와 도전 앞에서 늘 최선을 선택하려는 사고방식을 갖는 것이다. 인생에서 100번 타석에 나설 기회가 있다고 친다면 하나하나의 타석이 타율에 미치는 영향은 고작 1%밖에 되지 않는다. 한 번의 실패에 일희일비(一喜一悲)하지 말고 연습을 거듭하며 매번 적극적으로 도전하는 자세를 가져야 한다. 이를 통해 자신의 정신건강을 최상의 상태로 유지하는 것이 확률적으로 보아 훨씬 더 중요하다.

자기 안에서 정리가 되어 '이것이 최선이다'라는 신념을 갖고 도전했는데 실패하게 된 일은 전혀 자신의 가치를 훼손하지 않기에 후회하며 괴로워할 일도 없다. 도전하기 전부터 이미 실패에 대해서도 각오를 해놓은 상태이기 때문이다. 그러다 보면 실패의 경험을 통해 더 나은 방향으로 자신을 이끌어 가겠다는 자세가 갖춰지게 된다.

'불안'은 근거가 없는 곳에서부터 생겨난다.

자신의 장래를 모르는 이상 불안한 기분이 드는 것은 인지상정이다. 하지만 어떤 일에 실패했을 때 도대체 자신이 받게 될 상처가 어느 정도일지 모르겠다는 그 우려감이 불안이라는 형태로 나타나는 것은 아닐까. 혹은 성공에 대한 기대감이 너무 커서 실패하면 모든 것이 완전히 무너진다고 생각하기 때문은 아닐까.

한 번 더 강조하지만 미국 메이저리그에서 맹활약을 하고 있는 야구선수인 스즈키 이치로(Suzuki Ichiro, 1973~)도 타석에서

'후회'를 없애자

자기 안에서 정리가 되어 '이것이 최
선이다'라는 신념을 갖고 도전한 결
과로 생긴 실패는 전혀 자신의 가치를
훼손하지 않는다.

'불안'을 없애자

최선을 다한 뒤 확률적으로 일어날
수 있는 실패는 어느 누구의 죄가 아
니다. 또 상황을 일목요연하게 정리
해보면 '기억에조차 남지 않을 사소한
불안'일 경우도 있다.

절반 이상은 아웃을 당한다. 세계 최정상급 축구선수일지라도 자신이 시도한 모든 슈팅을 골로 연결시키지는 못한다. 당연히 확률의 차이야 있겠지만 우리 또한 어떤 일을 하더라도 늘 실패가 뒤따르게 마련이다.

그래서 조직은 실수나 잘못에 대비하여 미리 안전대책을 마련해놓는다. 최선을 다한 뒤 확률적으로 일어날 수 있는 실패는 어느 누구의 죄가 아니다. 실제로 실패하면 어떻게 할까 하는 불안도 상황을 확률적 사고로 일목요연하게 정리해보면 상사의 기분을 조금 거스르는 정도에 불과한, 기억에조차 남지 않을 사소한 일일지도 모른다.

〉〉 마이클 조던의 슛 성공률과 실패하지 않는 인생

학창시절부터 농구를 매우 좋아한 나는 마이클 조던 (Michael Jordan, 1963~)의 열성팬이다. 농구 황제라 불리며 미국 120여 년간의 농구 역사에서 가장 위대한 선수로 평가받는 마이클 조던은 한 인터뷰에서 이런 말을 한 적이 있다.

"나는 인생을 사는 동안 몇 번이고 실패했습니다. 그래서 성공할 수 있었습니다."

1장에서는 야구를 예로 들어 4할 타자라도 절반 이상은 타석에서 아웃을 당한다는 이야기를 했는데 야구나 축구에 비해 점수를 올리기 쉬운 농구에서 '슛의 신'이라 불리는 마이클 조던조차 절반 정도의 골 실패율을 보였다. 심지어 어느 누구의 방해도 받지 않고 던지는 자유투에서도 골 성공률이 80%를 밑돌았다.

그는 NBA 통산 3만 점 이상 득점(정확히는 32만 2292점)이라는 대기록을 보유하고 있는데, 이것은 달리 말하자면 1만 개 이상의 슈팅을 득점으로 연결시키지 못한 셈이다.

실패를 두려워하지 말라는 말은 하지 않겠다. 나 역시 실패하기는 싫고 실패할 때마다 의기소침해지는 것도 사실이다. 실패는 성공의 어머니라는 말도 아마 거짓일 것이다. 실패만으로 손에 넣을 수 있는 성공은 본래 이 세상에 없다.

그렇지만 마이클 조던의 말에서 용기를 얻고 늘 확률적 사고를 통해 올바른 도전을 계속한다면 머지않아 실패보다 큰 성공을 손에 넣을 수 있으리라 믿는다. 나는 날마다 이런 생각을 하며 실패를 거듭하고 있다.

제2장

이 세상의 정보는 거짓투성이?
'직감'과 '현실'의 함정

돈에 여러 가지 이유를 붙여 숫자가 아닌 감정을 부여
할 때 결국 우리는 돈을 잘못 사용하게 된다.

1. 몬티홀의 딜레마

직감과 확률이 어긋나는 것을 보여주는
가장 유명한 사례이다.

확률의 세계에 널리 알려져 있는 '몬티홀의 딜레마(Montyhall's dilemma)'라는 사례가 있다. 여러분은 아래와 같은 상황에서 어떤 선택을 할 것인가?

당신은 TV 퀴즈쇼 프로그램의 참가자이다. 눈앞에 3개의 문이 있는데 하나의 문을 열면 거기에는 호화로운 상품이 있고 나머지 2개의 문에는 엄청난 벌칙게임이 기다리고 있지만 어느 것이 상품의 문이고 어느 것이 벌칙게임의 문인지는 사회자밖에 모른다.

"어느 문에 상품이 있다고 생각합니까?"

사회자의 질문에 당신은 이것이라고 생각하는 문을 하나 고른다.

자, 당신이 문 하나를 선택했으니 그것이 상품의 문이든 벌칙게임의 문이든, 남은 2개의 문 가운데 하나는 반드시 벌칙게임이 있다. 당신이 선택한 문은 여전히 열지 않은 상태에서 사회자는 남은 2개의 문 중 벌칙게임의 문을 열고 다시 한 번 당신에게 이렇게 묻는다.

"당신이 처음 선택한 문을 계속 고수해도 괜찮고, 지금 바꿔도 상관없습니다. 어느 문에 상품이 있다고 생각합니까?"

미국에서 실제로 방영되었던 Let's make a deal이라는 TV 프로그램의 사회자 이름이 몬티홀이어서 위와 같은 상황을 가리켜 '몬티홀의 딜레마'라고 부른다. 그리고 이 질문에 수학자며 일반인 할 것 없이 대다수 사람들이 '최선의 선택'을 하지 못해 이 문제가 유명세를 타기 시작했다.

현 시점에서 당신의 직감은 무엇이라고 말하고 있는가? 처음 선택한 문을 계속 고수하는 게 맞을까?

다른 많은 사람들은 이런 식으로 생각했다.

'사회자가 어떤 식으로 유혹을 하든지 남은 2개의 문 중 하나에 상품이 있으므로 맨 처음 선택한 문이 정답일 확률은

2분의 1일 것이다. 괜한 후회를 하지 않도록 초지일관 밀고 나
가자.'

이 프로그램에 출연한 사람들도 똑같은 생각을 했다. 그렇
다면 실제로 그렇게 한 사람들은 도대체 어느 정도의 확률로
상품을 손에 넣을 수 있었을까? 과연 반반의 확률로 상품을 획
득하거나 벌칙게임을 받았을까? 사실은 위와 같은 생각으로 최
초의 문을 그대로 고수한 사람의 약 3분의 2가 벌칙게임을 받
았다고 한다.

여러분은 어떻게 생각했는가? 무슨 함정이 있음을 알아채
고 다른 문을 선택했는가? 그렇지 않으면 대다수 미국인과 마
찬가지로 최초의 문을 고집했는가? 혹은 그저 막연하게 다른
문을 선택하는 것이 낫다고 생각했는가?

이 몬티홀의 딜레마에 많은 사람이 속아 넘어간 일이야말
로, 우리 인간의 '감각'이 확률과 얼마나 어긋나 있는지를 보
여주는 대표적인 사례이다. 본격적으로 확률적 사고를 하기
위한 '현재 상황 정리법'에 대한 설명은 다음 장으로 미루기로
하고 여기서는 몬티홀의 딜레마에 관한 확률 계산을 좀 더 살
펴보자.

우선 편의상 여러분이 처음 선택한 문을 A라고 가정하고 나

머지 문은 각각 B, C라 하자. 최초의 가능성은 당연히 A, B, C 각각에 상품이 있을 확률이 3분의 1로 모두 동일하다.

A에 상품이 있다면, B나 C는 각각 2분의 1의 확률로 사회자에 의해 문이 열리게 된다. 따라서 생각할 수 있는 모든 상황 가운데서, A에 상품이 있고 B의 문을 사회자가 열 확률은 3분의 1과 2분의 1을 곱해야 하므로 6분의 1이 되며 마찬가지로 C의 문을 열 확률도 6분의 1이다.

한편 B, C 중 어느 하나에 상품이 있는 경우라면 반드시 상품이 들어 있지 않은 정해진 문만 열어야 한다. 이런 식으로 생각할 수 있는 모든 경우의 수를 정리한 결과가 옆 페이지의 도표이다.

이것을 '역'으로 살펴보자. 예를 들어 사회자가 열었던 문이 B라고 치자. '사회자가 열었던 문이 B'라고 확정했으므로 이 경우에는 도표 안에서 '선택되는 문: B'의 행만 생각하면 된다. 그것만 따로 떼어놓은 것이 아래에 있는 도표이다.

B문과 C문이 사회자에 의해 선택될 확률은 각각 2분의 1, 그리고 떼어놓은 B행의 도표를 보면 알 수 있듯이 A에 상품이 있을 확률은 6분의 1, C에 상품이 있을 확률은 3분의 1이 된다. 즉 C의 확률이 A의 확률보다 두 배나 크다는 사실을 확인할 수

| B와 C문이 열리는 경우의 수 |

A   B   C

		상품이 있는 문		
		A $\frac{1}{3}$	B $\frac{1}{3}$	C $\frac{1}{3}$
선택되는 문	A (출연자가 이미 선택)	0	0	0
	B	$\frac{1}{3} \times \frac{1}{2} = \frac{1}{6}$	0	$\frac{1}{3} \times 1 = \frac{1}{3}$
	C	$\frac{1}{3} \times \frac{1}{2} = \frac{1}{6}$	$\frac{1}{3} \times 1 = \frac{1}{3}$	0

B문을 열었을 때로 한정하면

상품이 있는 문		
A	B	C
$\frac{1}{6}$	0	$\frac{1}{3}$

제2장 이 세상의 정보는 거짓투성이? '직감'과 '현실'의 함정

있다. 사회자가 연 문이 C였다고 해도 C행만 따로 떼어놓고 보면 동일한 결과가 나타난다.

분수 계산식이어서 이해하기가 다소 어렵다면 이 확률에 근거해 동일한 게임을 600번 했을 경우를 생각해보자. A~C에 상품이 있을 가능성은 동일하므로 각각 200번씩 상품이 있는 셈이다. A에 상품이 있다면 B와 C가 각각 균등하게 100번씩 사회자에 의해 문이 열리게 된다. 또 B, C 중 어느 한 쪽에 상품이 있는 경우라면 반드시 상품이 들어 있지 않은 정해진 문만 200번 열어야 한다.

이 경우도 마찬가지로 옆 페이지의 도표처럼 정리할 수 있다.

따로 떼어놓은 아래쪽 도표에서 볼 수 있듯이 이렇게 했을 때도 B문을 총 300번 열었을 때 A문에 상품이 있을 경우의 수는 100번, C문에 상품이 있을 경우의 수는 200번이니 두 배이다. 이 역시 사회자가 연 문이 C였다고 해도 C행만 따로 떼어놓고 보면 동일한 결과가 나타난다.

어떤가? 이 결과는 쉽게 이해가 가는가? 혹시 속은 기분이 들지는 않는가? 그다지 모순된 이야기가 아닌데도 어떤 사람은 이 문제를 '몬티홀의 역설'이라 부르기도 한다. 아마 많은 사람들이 직감적으로 받아들이기가 쉽지 않은 모양이다.

| 600번 여는 걸로 했을 때 B와 C문이 열리는 경우의 수 |

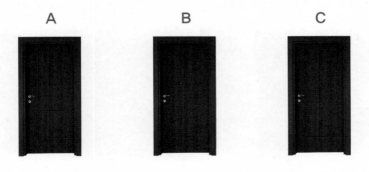

		상품이 있는 문		
		A 200번	B 200번	C 200번
선택되는 문	A 출연자가 이미 선택	0번	0번	0번
	B	100번	0번	200번
	C	100번	200번	0번

B가 열렸을 때

상품이 있는 문			합계
A	B	C	
100번	0번	200번	300번

앞에서도 이미 언급했듯이 우리가 생각하는 것 이상으로 인간의 직감은 속임을 당하기 쉽다. 그것을 실감할 수 있는 사례를 몇 가지 더 소개하고자 한다.

〉〉 확률론의 발전을 불러온 파스칼의 '점수 문제'

17세기 프랑스 도박사 슈발리에 드 메레(Chevalier de Méreé)
는 당시 최고의 수학자인 파스칼(Blaise Pascal, 1623~1662)
에게 도박과 관련된 문제를 의뢰했는데 이는 확률론이 발
전하는 중요한 계기를 마련했다.

> A, B 두 도박꾼이 점수를 얻을 확률은 똑같다고 가정한다.
> 둘은 먼저 3점을 얻으면 이기는 내기를 했는데 A, B는 각각
> 32피스톨(옛날 화폐 단위)씩의 돈을 걸어 이기면 64피스톨을
> 갖게 된다. A는 2점, B는 1점 득점한 상태에서 게임을 중단
> 하였을 경우, A와 B가 차지해야 할 몫은 각각 얼마일까?

파스칼은 이 문제를 아래와 같이 풀었다.

> A가 이기면 점수는 A : B = 3 : 1이므로 A는 64피스톨을 갖
> 게 된다. 또 B가 이기면 점수는 A : B = 2 : 2이므로 A와 B
> 는 각각 32피스톨씩을 갖게 된다. 이 두 상황을 종합해볼
> 때, A는 32피스톨을 이미 확보해놓았고 32피스톨을 더 얻

을 확률은 1/2이므로 A는 32 + $\frac{1}{2}$ × 32 = 48피스톨, B는 16피스톨을 가지면 된다.

파스칼은 당시 자신만큼 유명했던 수학자 페르마(Pierre de Fermat, 1601~1665)에게도 이 문제를 보냈는데 페르마는 또 다른 방식으로 풀었다고 한다. 이렇듯 둘의 서신 왕래를 통해 수학과 확률이 발전하게 되었다.

2. 확률은 해석이 중요하다

인과관계의 방향을 무시하고 아전인수격으로 확률을 다루는
경우는 위험한 상황을 초래한다.

　　뉴스에서 사람들에게 나쁜 영향을 미치는 음식이 있다고 보
도하면서 아나운서가 '이 음식을 금지해야만 한다'고 소리 높
여 외친다고 하자. 과연 여러분도 이 음식을 못 먹게 해야 한다
고 생각하는가?

- 범죄자의 98%가 이 음식을 거의 날마다 먹는다.

- 폭력범죄의 90%는 이 음식을 먹고 나서 24시간 이내에 발생한다.

- 신생아에게 이 음식을 주면 숨이 막힐 듯 괴로워한다.

- 이 음식을 일상적으로 먹고 자란 아이의 약 과반수는 시험성적이 평균 이하이다.

어떤가? 이 음식은 정말 사람들에게 좋지 않은 위험 식품일까? 실제로 이 음식은 가공의 존재가 아니라 우리 주변에서 쉽게 찾아볼 수 있다. 그런데 위의 내용만 보면 너무도 위험한 식품이므로 법적으로 금지하는 편이 좋지 않을까?

이 음식은 다름 아닌 '밥'이다. 우리가 매일매일 먹는 쌀밥 말이다. 자, 이제 이 사실을 알고 나서 방금 전의 문장을 다시 한 번 읽어보자.

- 범죄자의 98%가 이 음식을 거의 날마다 먹는다.
- 폭력범죄의 90%는 이 음식을 먹고 나서 24시간 이내에 발생한다.
- 신생아에게 이 음식을 주면 숨이 막힐 듯 괴로워한다.
- 이 음식을 일상적으로 먹고 자란 아이의 약 과반수는 시험성적이 평균 이하이다.

틀린 말은 아니라는 생각이 들지 않는가? 범죄자이든 아니든 거의 모든 일본인은 밥을 주식으로 먹는다. 폭력범죄를 일으켰든 말든 24시간 이내에 누구나 적어도 한 번 정도는 밥을 먹는다. 신생아에게 밥을 주면 당연히 목이 멜 것이고, 밥을 먹든 안 먹든 절반 정도의 학생은 시험성적이 평균 이하일 수밖에 없다.

말도 안 되는 억지라고 주장하고 싶은가? 중요한 것은 인과관계를 무시하고 상황의 한 단면만 강조한다면 가장 과학적으로 보이는 수치가 제공된다 할지라도 그야말로 아전인수격의 해석이 될 수밖에 없다는 점이다. 과학 사고의 기초인 확률을 이렇게 잘못 사용하는 사람이 많기 때문에 확률은 새빨간 거짓말이라고 여기는 이들이 늘어나고 있다.

'요즘 세상에 확실한 것이란 아무것도 없다'는 말이 있는데 당연히 100% 확정적인 사실은 없다. 예외는 늘 존재하고 그런 예외성이야말로 인간 사회의 가장 큰 특징이라고 할 수 있다. 그런데도 상황의 한쪽 면만을 부각시켜 형편에 맞게 둘러붙이면 사실관계가 왜곡될 위험성이 크다. 위 '98%의 범죄자가 먹는 음식'이라는 말만 봐도 이런 아전인수격 해석의 사례를 적나라하게 볼 수 있다.

그렇다면 밥이 범죄에 어떤 영향을 주는지 공정하게 판단하려면 어떻게 해야 할까?

제2장 이 세상의 정보는 거짓투성이? '직감'과 '현실'의 함정

대답은 간단한다. 모든 사실관계를 균형 잡힌 시선으로 파악하는 것이다. 즉 밥을 먹는 범죄자 대 선량한 사람, 밥을 먹지 않는 범죄자 대 선량한 사람 등 가능한 모든 조합을 알아내 조사하고 그 결과를 정리해야 한다. 그렇게 해야 어느 한쪽으로 쏠려 형편에 맞도록 해석된 피상적인 데이터가 아니라 어느 정도(마찬가지로 여기서도 '완전히'란 불가능하므로) 공정성이 유지된 결과를 도출할 수 있다.

이런 방법으로 조사한 결과가 아래의 도표이다.

숫자는 어디까지나 적당히 채워넣었지만 이는 누구나 납득할 만한 내용일 것이다. 밥을 먹는다는 사실이 범죄자 증가에 특별한 원인으로 보이지는 않는다. 일본인은 누구나 밥을 먹고

| 밥을 먹는 것과 범죄와의 상관관계 |

	선량한 시민	범죄자
날마다 밥을 먹는다	9704명 (98%)	98명 (98%)
밥을 먹지 않는 날도 있다	196명 (2%)	2인 (2%)
합계	9900명	100명

우연히 그중 몇이 범죄자일 뿐이다.

뉴스를 통해 전달되는 보도이든 사람을 통해 퍼지는 입소문이든 세상에 떠도는 정보에는 이처럼 '한쪽 면만을 다룬 이야기'가 적지 않다.

여러분은 부디 형편에 맞도록 해석된 예외적인 결과에 속는 일 없이 올바르게 판단하기를 바란다.

〉〉 확률의 속임수를 피하는 방법

미국에서 나온 지 50년이나 지난 대럴 허프(Darell Huff)의 명저《새빨간 거짓말, 통계》(1954년 처음 출간)에는 이런 확률과 통계의 속임수를 피할 수 있는 다섯 가지 방법이 소개되어 있다.

첫째, 누가 발표했는지 출처를 찾아본다.
둘째, 조사 방법이 적합했는지 살펴본다.
셋째, 일부러 빼놓은 데이터는 없는지 캐본다.
넷째, 내용이 뒤바뀐 것은 아닌지 알아본다.
다섯째, 상식적으로 말이 되는 이야기인지 따져본다.

영국의 정치가 디즈레일리(Benjamin Disraeli, 1804~1881)는 "세상에는 세 가지 형태의 거짓말이 있는데 그냥 거짓말과 새빨간 거짓말, 그리고 통계다"라고 했다. 그러나 숫자가 거짓말을 하는 게 아니라 이를 다루는 사람이 문제인 것이다.

3. 사람은 왜 돈으로 실패하는가

사람은 종종 '직감'과 '숫자'의 차이 때문에 돈으로 실패한다.

자, 이런 생각을 하는 사람이 많지 않은가? 본인은 실제로 그다지 돈을 많이 쓰지도 않고 비싼 물건은 잘 사지도 않는데 이상하게 돈이 모이지 않고 어디론가 새는 것 같다……라고 여기는 것이다. 그런데 그 배경에는 아래와 같은 '증상'이 있지는 않은가?

• 값비싼 물건을 살 때는 약간의 가격 차이는 그다지 신경 쓰지 않는다.

- 어떻게 생긴 돈이냐에 따라 쓰임새가 달라진다.

- 생각지도 않게 들어온 돈은 일단 쓰고 본다.

- 신용카드 지출을 과도하게 한다.

- 5000엔의 할인쿠폰을 받기 위해 추가로 1만 엔을 더 쓴다.

사실 위의 내용들은 모두 행동경제학에서 '마음의 회계(mental accounting)'라 불리는 개념들이다. 이는 '어떤 돈은 다른 돈보다 가치를 낮게 생각해 쉽게 낭비해버리는 경향'을 말한다. 고전경제학에서 1만 엔은 1만 엔이라는 금액 이상의 어떠한 다른 의미도 지니고 있지 않는다. 또 시장을 구성하는 개개의 사람들은 매우 합리적으로 판단하는 것을 전제조건으로 둔다. 하지만 최근 들어 사람들은 그다지 합리적이라 볼 수 없고, 돈을 다룰 때도 여러 가지 심리요인이 영향을 미친다는 것이 밝혀졌다.

이런 분야를 연구하는 학문을 행동경제학이라고 하며 거기에서 중요한 개념이 '마음의 회계'이다. '마음의 회계'가 어떻게 돈과 관련되어 우리의 판단에 영향을 미치는지 살펴보자.

다음과 같은 질문에 여러분은 어떻게 대답하겠는가?

- 당신이 원하는 구두를 근처 신발가게에서는 4000엔에 팔고 있는데, 전철로 세 정거장 더 가야 있는 할인매장에서는 완전히 똑같은 물건을 1000엔에 팔고 있다는 사실을 알았다. 당신은 근처 신발가게에서 구두를 사겠는가?
- 당신이 원하는 LCD TV를 근처 전기제품 매장에서는 3만 엔에 팔고 있고, 전철로 세 정거장 더 가야 있는 대리점에서는 완전히 똑같은 물건을 2만 7000엔에 팔고 있다는 사실을 알았다. 이때 당신은 근처 전기제품 매장에서 물건을 사겠는가? (어디에서 사든 당일 무료배송이라 가정한다.)

전자는 '아니다, 세 정거장을 더 가서 있는 할인매장에서 사겠다', 후자는 '그렇다, 3000엔을 더 주고 근처에서 사겠다'라고 답한 사람은 '마음의 회계'에 의해 손해를 볼 가능성이 매우 높다. 양쪽이 모두 단지 '3000엔을 절약하기 위해 세 정거장을 더 가는 수고를 감수하겠는가?'라는 동일한 설정의 문제인데도 총 지불 금액이 다르기 때문에 왠지 전자는 '아주 대단한 절약'으로 느끼지만 후자는 '거의 동일'하다고 여기기 때문이다.

매장이나 제조업체에서 일하는 사람들은 소비자의 이런 심리를 꿰뚫어보고 있다. 전혀 추가 지출을 할 생각이 없었던 상황에서 지출을 강요당하면 비록 소액이라도 저항이 생기는 반면, 어느 정도 고액의 지출을 계획한 상태에서 소액의 옵션에 돈을 내는 것에는 사람들이 의외로 무심하다.

예를 들어 가전제품 할인판매점에서 물건을 살 때 총금액의 5%만 더 내면 3년간 무상으로 고장수리 보증을 해주는 것이 있어서 이런 서비스를 이용하는 사람들이 적지 않다. 그러나 만약 할인판매점 직원이 자신의 집으로 찾아와서 이렇게 말한다면 어떤가?

"댁의 가전제품에 고장이 있거나 그럴 가능성이 있는지 점검받아 보십시오. 한 번 점검을 받으면 3년 동안은 아무 고장 없이 안심하고 쓸 수 있습니다. 점검 비용은 무슨 물건이든 건당 500엔입니다."

500엔이라고 해봐야 1만 엔의 5%에 불과하므로 1만 엔 이상 가는 가전제품이라면 오히려 득이 될 테지만 일부러 그런 서비스를 받으려는 사람은 많지 않다.

여기에 뭔가 모순되는 부분이 있다고 생각되지 않는가?

가전제품 보증과 마찬가지로 집을 새로 지을 때 창을 따로 더 만들게 하거나, 차를 살 때 최신형 내비게이션을 설치하도록 권유하는 등 항상 파는 측은 '그럴 듯한 옵션'을 제시하며 사람들이 지갑을 열게 한다.

소비자는 대부분 그 그럴 듯한 옵션을 '겸사겸사'라는 마음으로 받아들이다. 그런데 과연 그 최신형 내비게이션을 몇 년을 탄 낡은 차에 일부러 돈을 많이 들여 장착하고 싶어 할까? 업무적으로 꼭 필요하거나 또는 여행 등을 좋아한다는 개인적인 욕구가 없는 상황이라면 다시 한 번 생각해보게 될 문제이다.

또 다음과 같은 상황에서는 어떤 생각이 드는가?

스즈키 씨와 사토 씨는 모두 아이의 학자금을 준비해두기 위해 매년 50만 엔의 돈을 지금까지 3년 동안 적금으로 부어왔다.

그런데 두 사람은 올해 각각 150만 엔의 자동차를 구입하기로 했다. 이때 스즈키 씨는 3년간 분할상환으로, 사토 씨는 적금을 해약하여 돈을 지불했다. 누구의 판단이 옳다고 할 수 있을까? 참고로 분할상환의 경우 연 이자율은 3%, 적금의 연 이자율은 1%라 치자.

여기서 '아이를 위한 적금을 해약하다니 당치도 않다'며 사토 씨를 비난하는 사람이 있다면 그 또한 '마음의 회계'의 피해자다. 이때의 결정이 향후 3년간 어떤 결과를 가져오는지 스즈키 씨와 사토 씨의 경우를 비교해보자.

아래 도표에서 볼 수 있듯이 어떤 경우라도 사토 씨가 득을 보고 있다. 정기예금의 이자는 매년 1%밖에 붙지 않지만 자동차의 분할상환 이자율은 연 3%나 되므로 적금을 부으면서 3%의 이자를 지불해야 한다면 단순계산만으로도 해마다 2%씩 손해를 보게 된다. 그렇다면 먼저 적금을 해약하여 상환금을 갚고 아이의 학자금 마련을 위해서는 새로이 적금을 드는 것이 훨씬

| 스즈키 씨와 사토 씨의 향후 3년 동안의 손익 |

스즈키 씨

적립 개시일부터	적립금액	이자 포함 적립금액	상환금액	분할상환 차입 잔고 (원금 + 이자)
1년째	50만 엔	50만 5000엔		
2년째	50만 엔	101만 5050엔		
3년째	50만 엔	153만 201엔		150만 엔
4년째	50만 엔	205만 503엔	54.5만 엔	154.5만 엔
5년째	50만 엔	257만 6008엔	53만 엔	103만 엔
6년째	50만 엔	310만 6768엔	51.5만 엔	51.5만 엔
합계	300만 엔	310만 6768엔	159만 엔	0엔

※300만 엔을 저축해 이자 10만 6768엔을 얻었으나 상환이자 9만 엔을 빼면 6년 동안 1만 6768엔의 이득이 생긴다.

현명하다.

　돈은 어디까지나 돈일 뿐이다. 인플레이션이나 디플레이션 등으로 돈의 가치가 변하기도 하지만 같은 장소, 같은 시점에서는 그 위에 찍힌 숫자가 나타내는 것 그 이상도 이하도 아니다. 그런데도 사람들은 그 돈이 생긴 이유와 생각하고 있던 용도, 그리고 무엇인가 다른 금액과의 대비 등 온갖 것을 끌어들여 의미를 덧붙임으로써 정확히 판단할 수 없게 만든다.

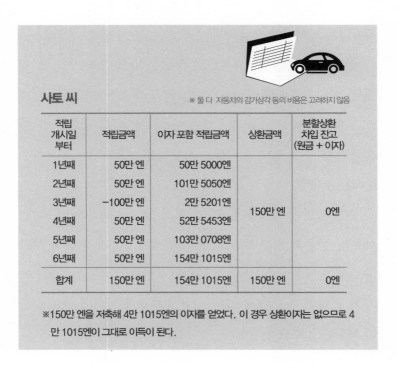

사토 씨

※ 둘 다 자동차의 감가상각 등의 비용은 고려하지 않음

적립 개시일 부터	적립금액	이자 포함 적립금액	상환금액	분할상환 차입 잔고 (원금 + 이자)
1년째	50만 엔	50만 5000엔		
2년째	50만 엔	101만 5050엔		
3년째	−100만 엔	2만 5201엔	150만 엔	0엔
4년째	50만 엔	52만 5453엔		
5년째	50만 엔	103만 0708엔		
6년째	50만 엔	154만 1015엔		
합계	150만 엔	154만 1015엔	150만 엔	0엔

※150만 엔을 저축해 4만 1015엔의 이자를 얻었다. 이 경우 상환이자는 없으므로 4만 1015엔이 그대로 이득이 된다.

여러분은 세금 환급금이나 특별 상여금 혹은 복권이나 경마를 통해 '공돈'이 생겼을 때 돈의 씀씀이가 헤퍼지지는 않는가? 실제로 세금 환급금을 저축, 펀드 등 재투자에 사용하겠다는 사람은 10명 중 1명 정도이고 나머지는 대부분 여행, 선물, 쇼핑 등에 쓰겠다고 했다는 조사 결과도 있다. 공돈이든 땀 흘린 대가로 얻은 귀한 돈이든 가령 1만 엔에는 1만 엔 이외의 다른 어떤 의미도 없다. 공돈 1만 엔을 대충 아무렇게나 취급하든 땀 흘려 얻은 1만 엔을 아무렇게나 취급하든 인생에서의 의미는 똑같다는 말이다.

신용카드 사용에 대해서도 같은 말을 할 수 있다. 카드로 결제를 하든 현금으로 지불하든 1만 엔은 똑같은 1만 엔이다. 카드로 할부 구매를 했을 경우에는 이자가 붙어 더 많은 돈을 지불해야 할 수도 있다. 그런데도 사람들은 신용카드로 지불하는 돈에는 부담을 덜 갖는 경향이 있다.

이처럼 많은 사람들이 낭비를 하지 않는데도 저축을 못하는 이유는 '마음의 회계'에 의해 돈의 진정한 쓰임새를 잘못 생각하고 있기 때문이다. '돈에 대한 직감적인 이해'가 '돈이라는 숫자'와 멀어져 가는 것, 이것이 확률에 대한 불이해와 서로 맞물려 사람은 돈으로 실패한다.

4. 현상 뒤에 숨어 있는 숫자를 찾아라

도표를 통해 숫자로 살펴보면
상황이 일목요연하게 정리된다.

　지금까지 인간의 직감이 현실의 확률과 멀어진 여러 가지
사례를 살펴보았다. 직감은 생각만큼 정확하지 않은데도 그런
직감을 아주 대단한 것인 양 마치 사실처럼 말하는 사람들이
우리 주변에는 얼마든지 있다. 그렇지만 도표를 통해 숫자로
살펴봤을 때 드러나는 진실은 다를 수 있다.

　물론 현실 세계에서는 이렇게 도표나 숫자로 정리한다는 것
이 그렇게 간단한 문제만은 아니다. 상당히 고심해 머리를 써
야 하기 때문에 시도 자체를 포기하거나 주저하는 사람이 많

다. 그렇지만 본격적으로 계산해보기 전이라도 최소한 어림잡아서 그것이 어느 정도의 정확성과 근거를 가지고 있는지에 주의를 기울여보자. 그렇게 하면 훨씬 더 합리적인 결정을 할 수 있다.

'이런 일이 있었다', '이런 사람이 있었다' 하는 이야기는 예외적인 경우일수록 더 재미있고, 사람들의 관심도 많이 불러일으키며 순식간에 사람들 사이에 퍼진다. 그렇다고 그것을 사실로 받아들여 인생의 중요한 결정에 적용하거나 미래의 지침으로 삼는 것은 매우 위험하다.

예를 들어 이상한 모양의 버섯을 먹은 뒤 병이 나았다는 체험자의 고백이 많은 사람들에게 알려져 꽤 유명해졌다고 가정해보자. 그렇지만 이 경우도 '밥과 범죄자의 예'에서 보았듯이 자연히 병이 나은 사람도 어느 정도의 비율로 존재할 것이고 그중에서 우연히 이상한 모양의 버섯을 먹은 사람이 있었는지도 모른다.

흥미로운 사례이기는 하나 어디까지나 과학적으로 검증되지 않았기에 그것을 자신의 인생에 얼마만큼 참고할 수 있을지는 '알 수 없다'는 말로밖에는 달리 표현할 도리가 없다.

모르는 것은 모른다고 솔직하게 인식하는 것, 그리고 그것을 알려면 어떻게 해야 하며 무엇이 필요한지도 생각하는 것, 이 두 가지를 제대로 아는 일이야말로 불확실한 현대 사회에서 살아남는 확률적 사고의 비결이다.

　다음 장에서는 왜 이처럼 사람의 직감은 쉽게 속임을 당하고 남을 속이려는 이야기만 폭넓게 확산되는지 살펴보겠다.

>> 과학은 가장 겸허하게 객관적으로 논의하는 것

지금까지 결정론에서 확률론으로 옮아가는 사고방법의 전환에 대해 알아봤다. 의학 분야에서도 '올바른 방법으로 연구하고 확률적 근거에 따라 치료하는 것(EBM, 즉 에비던스를 바탕으로 한 의학)'을 현대 의학의 기본으로 삼고 있는데 사실 이것은 참으로 획기적인 전환이다. 오랫동안 의학은 미시적 차원에서 인체를 연구하고 'A라는 호르몬이 분비되면 B라는 반응이 일어난다'는 식의 확실한 메커니즘을 일일이 해명하는 등의 결정론적인 방법과 임상경험을 중요시해왔기 때문이다.

물론 이러한 생각은 지금도 그 명맥이 이어져오고 있다. 그런데도 왜 새로이 확률론이 도입된 것일까? 그 이유 중 하나가 바로 인체는 너무도 복잡다단하다는 점을 들 수 있다. 메커니즘 하나하나는 확실하게 해명한다고 해도 이 중 몇 가지가 서로 연관되면 결정론적인 추정이나 임상경험이 진실을 파악하는 데 무용지물이 될 때가 많았다. 따라서 동일한 병에 걸린 사람에게 같은 처방을 해도 반드시 똑같은 효과를 얻으리라는 보장이 없었던 것이다. 그래서 '실제로 어떠한가' 하는 데이터를 밑바닥에 깔고 '확률적'으로 '어떤 상황에서는 무슨 치료법이 최선인가'를 논의한다.

내 생각에 과학은 '가장 겸허하게 논의를 진행하는 방법론'이다. 과학은 주관을 배제하고 확실한 사실만을 논의하는 것이다. 하지만 바람직하고 좋은 일이며 인류의 행복이나 발전을 위해서라면 불확실한 영역에 발을 디딜 필요가 있다. 이 불확실한 영역에서도 겸허하고 객관적으로 논의하기 위해서는 확률론이 중요하다.

분야에 따라, 혹은 사람에 따라서는 매우 복잡한 상황에서 단편적인 사실만 판명된 메커니즘을 가지고 마치 많은 것들이 밝혀지기라도 한 양 대중매체를 통해 선전하는 사람이 있다. 하지만 겸허함이 수반되지 않은 추정이나 고찰은 한낱 망상에 지나지 않는다. 인간의 뇌나 유전자에 담겨 있는 생명의 비밀 등은 여전히 수수께끼투성이인데도 이따금 그런 과학자들을 대하면 참으로 개탄스럽기 그지없다.

제3장
무엇이 확률을 왜곡시키는가

시기와 장소, 자신에게 유리한 정도, 선입견, 말하기 쉬운 정도에 의해 우리는 영향을 받게 되고 이는 확률적 사고를 방해해 의사결정에 악영향을 끼친다.

1. 시기와 장소가 바뀌면 내용도 달라진다

어디에서 언제 조사했는가는 결과에 막대한 영향을 끼친다.

해외여행을 하고 있는데 갑자기 '일본인 가운데 세계적으로 가장 유명한 사람은 누구일까' 하는 점에 흥미를 가지게 되었다고 치자. 그래서 여행지에서 만난 사람들에게 가장 먼저 떠오르는 일본인의 이름을 말해달라고 하고 그 결과를 정리한 것이 다음 페이지의 도표이다.

이 결과만 놓고 보면 '역시 야구는 일본의 국기(國技)야' 또는 '마쓰이 히데키 말고 세계에 널리 알려진 일본인은 없단 말인가' 하고 생각할지도 모른다. 그렇지만 이것이 2009년 11월

| 가장 먼저 떠오르는 유명한 일본인은 누구인가? |

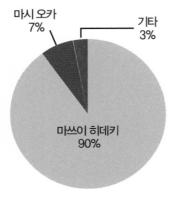

마시 오카
7%

기타
3%

마쓰이 히데키
90%

* 마시 오카(Masi Oka, 1974~), 미국에서 활동하고 있는 일본 출신 배우
** 마쓰이 히데키(Masui Hidek, 1974~), 아시아 출신 메이저리그 최다 홈런 기록자

에 뉴욕에서 조사한 결과라는 점을 알았다면 생각이 어떻게 바뀔까? 그 즈음의 마쓰이는 뉴욕 양키즈 소속 선수로서 월드시리즈를 제패하고 MVP상도 수상했다. 메이저리그 경력의 정점에 올라선 때라 해도 과언이 아니다. 당연히 그때 가장 먼저 떠오르는 일본인이 누구인지 뉴욕 시민에게 물어봤다면 결과를 상상하기란 그리 어렵지 않다.

2007년에 보스턴 거리에서 똑같은 질문을 했다면 어떨까? 레드삭스의 마쓰자카(Daisuke Matsuzaka, 1980~) 투수라 대답하는 사람이 많았을 것이다. 이탈리아에서 똑같은 질문을 했다면 필시 축구선수인 나카타(Hidetoshi Nakata, 1977~)가 물망에 오를 것이다.

물론 여기에서 든 예는 매우 극단적인 경우이지만 일반적으로 다른 사람들에게서 듣는 이야기나 자신의 경험을 통해 얻어진 직감에는 대부분 정보의 비대칭 현상(사람들이 보유하는 정보의 분포에 편향이 있어, 사실과 실제 사이에 격차가 생기는 현상_옮긴이)이 생기게 마련이다. 이와 같이 정보를 진실로부터 멀어지게 하는 편향된 속성을 '편의(bias)'라고 한다. 즉 측정값의 평균값과 진정한 값의 차로, 이 차이가 적을수록 정확성이 높다.

정보를 얻는 환경이나 상황에 따라 나타나는 편의에 대해 조금 현실적인 비유를 해보겠다. 우리는 도대체 어떻게 생긴 사람을 '보통'이라 판단하는가.

주변의 시선을 끄는 특별히 조각 같은 이목구비를 가지지는 않았지만 그렇다고 해서 보기 흉하지도 않은 '보통'의 얼굴이란 우리 주변에서 쉽게 마주칠 수 있을 것이다. 이제 우리가 널리 알고 있는 연예인 중에서 과연 누구의 얼굴이 보통 수준이라 여겨지는지 한 번 생각해보자. 떠오른 사람이 있다면, 여러분이 일상적으로 대하는 사람 혹은 과거에 알고 지내던 사람의 얼굴도 기억해보자. 친척이나 외출했을 때 자주 마주치는 사람, 오가며 들르는 가게의 점원, 동창이나 직장동료 등, 꽤 다수의 사람이 떠오를 것이다. 또 TV나 잡지, 길거리 광고판 등을 통해서도 우리는 많은 이들의 얼굴을 새롭게 보게 된다.

그런데 우리가 일상적으로 대하는 사람의 절반 정도는 보통 이상의 얼굴일지도 모른다. 가게 등에서 날마다 마주치는 점원, 일반 회사의 직원 등은 분명 면접 등을 통해 비교적 단정한 외모의 소유자가 우선적으로 뽑혔을 것이다. 또 스포츠 선수 등 본질적으로는 외모와 상관없는 유명인일지라도 역시 잘생긴 쪽이 신문지상과 매스컴에서 다뤄질 가능성이 압도적으로 높다. 여기에는 '잘생긴 얼굴일수록 눈에 더 잘 들어온다'는 쏠림 현상, 즉 편의가 존재한다.

그리고 '연예인'이라고 하면 기본적으로 '외모' 영역에서는 나름 평균 이상이라고 할 수 있다. 물론 개그맨 중에는 오히려 남다르고 특이한 외모로 유명세를 타는 사람도 있지만 대다수 모델이나 배우는 훤칠한 키나 조각 같은 외모를 강점으로 내세워 데뷔하는 경우가 많다. 설령 그렇지 못한 사람이라도 대부분 평균 이상의 외모는 갖추고 있다. 즉 우리가 일상적으로 대하는 사람의 절반 정도는 멋지고 근사한 얼굴을 갖고 있는 셈이다. 상황이 이러한데 직감적으로 판단한 '보통'은 과연 올바르다고 할 수 있을까?

이것은 사과 전체의 평균 무게를 조사할 때 일부러 큰 사과만 골라 무게를 잰 다음 평균치를 내는 것과 같다. 그렇다면 사과의 평균 무게를 과대평가하게 된다. 우리가 처음 마음속에 떠올린 '보통의 얼굴'도 실제 일본인의 평균치와 비교하면 아득하게 동떨어진 결과로 나타나지는 않을까?

학교 성적 등에 대한 직감적 인식에서도 마찬가지 편의가 나타난다. 평소 교육열이 남다른 극성 엄마를 예로 들어보겠다. 이 엄마는 아이에게 초일류라고 할 정도는 아니라도 이름만 대면 누구나 아는 '보통 대학'에만 들어가도 여한이 없겠다는 말을 곧잘 한다. 아마 그 엄마의 말이 거짓은 아닐 테고 어쩌면 지극히 당연한 마음이겠지만 과연 객관적인 기준에서 보통 대학이라는 것이 정말 '보통'일까?

참고로 2006년도의 대학 진학률은 45.5%로 고등학교 졸업생의 절반도 안 되는 사람만 대학에 진학하는 셈이다. 그렇다면 '일반적으로 이름이 널리 알려진 대학'의 정원이, 대학 진학에 성공한 고교 졸업생의 3분의 1 정도 된다면 백분율로는 약 15%에 해당하는데 이것이 과연 '보통'이라고 말할 수 있는 숫자일까?

대학을 나와 도시에서 사무직에 종사하는 사람들은 대체로 비슷한 경력에 비슷한 생활을 하게 마련이다. 하지만 그들이 생각하는 '보통'은 대학에 진학하지 못한 더 많은 사람들이 볼 때는 결코 보통으로 느껴지지 않을 것이다.

고등학교 성적에 대해 생각하더라도 마찬가지 아닐까?

100명의 학생이 시험을 보면 1등에서 100등까지가 생긴다. 당연히 이중 절반 정도는 평균점수 이하의 성적을 받는다. 그런데 시험성적이 평균 이하인 것을 안 학생들은 마치 자신이 뒤떨어진 인간이라도 된 듯 의기소침해지기도 한다. 하지만 입시를 거쳐 고등학교에 입학한 이상 기본적으로는 거의 같은 학력의 학생들이 모여 있으므로 한두 차례 다소의 차이를 보인 일 때문에 일희일비할 필요는 없다.

더 나아가 앞에서 예시한 대학 진학률을 고려해볼 때 자신이 원하면 대학 입학시험을 치를 정도의 환경에서 공부하고 있으므로 그 사람은 공부 면에서 '보통' 이상의 환경에 놓여 있다고 할 수 있다.

이처럼 많은 사람들의 일상 환경은 양키즈가 월드시리즈를 제패한 직후의 뉴욕만큼은 아니더라도 늘 어떤 형태로든 편의

| 보통 대학이란 존재하는가 |

100명의 고교생

대학 진학률 45.5%

일반적으로 이름이 널리 알려진 '보통' 대학의 정원 15%

과연 이들이 보통 대학에 들어간 것일까?

돼 있다고 볼 수 있다. 이러한 편의는 일상적인 경험과 그로부터 생겨나는 직감을 왜곡시킨다.

또한 대중매체에 의해 전달되는 정보도 동일한 왜곡을 불러일으킨다.

예를 들어 거리에서 현 정부의 지지율을 설문조사한 결과 등이 신문에 발표되는데, 이 '거리'가 어딘가에 따라 공정한 결과로 볼 수 없는 경우도 얼마든지 생긴다. 대립하는 정당의 당사가 있는 주변이나 비교적 젊은 층 인구가 밀집된 곳에서 조사한다거나 또는 지방이냐 도심이냐에 따라서도 조사 결과는 판이하게 달라지기 때문이다. 그런데도 이런 조사 결과를 내세우며 전국적인 지지율인 양 대서특필한다면 왜곡된 판단을 하도록 영향을 미치는 꼴이 된다.

실제 이런 일이 있었는지는 잘 모르겠지만 기본적으로는 그렇지 않기만을 바랄 따름이다. 이처럼 조사된 상황이 명확하게 드러나지 않은 조사 결과는 편의가 있다는 점을 감안하는 것이 현대 사회를 살아가는 사람의 지혜가 아닐까 생각한다.

2. 득이 되는 말은 하기 쉽다

나에게 유리한 말은 쉽게 받아들이고 다른 사람에게도
적극적으로 퍼트리게 된다.

TV 방송을 보고 있으면 종종 이 상품은 너무도 좋다면서 자
신의 체험담을 줄줄 말하는 사람들을 볼 수 있다. 이 드링크제
를 마시면 활력이 샘솟는다거나 간단히 체중을 줄일 수 있다거
나 살결이 고와진다는 등의 말을 듣고 나면, 그렇다면 나도 하
나 사볼까 하는 마음이 들기도 하는데 이것도 일종의 극단적인
편의가 나타난 상태라 할 수 있다.

바로 '사람들은 자신에게 득이 되는 정보는 말하기 쉽다'는
편의이다.

당연한 말이겠지만 TV 홈쇼핑 프로그램은 상품을 팔아야 이익이 생긴다. 당연히 가급적 판매에 도움이 되는 정보를 내보내려고 한다. 그래서 상품 구매 후기 중에서 호의적인 의견을 채택하여 그 내용을 카메라 앞에서 발표하면 사례를 해주는 식으로 홍보활동을 하기도 한다. 때로는 본래부터 있지도 않은 의견을 배우를 시켜 말하도록 하기도 한다.

우리는 TV에서 많은 사람이 좋은 상품평을 줄줄이 말하는 것을 들으면 자기도 모르게 모든 사용자가 이 상품에 만족하고 있구나 하는 착각에 빠져버린다. 앞에서 언급한 '밥 먹는 범죄자'의 예처럼 단지 '상품 사용자 중 만족한 사람'만 출연시킨 것에 지나지 않는데도 말이다.

좋은 상품평을 한 사람들에게 특별히 강요를 한 것은 아니라고 해도, 상품에 불만을 가진 99%의 소비자는 외면하고 만족한 불과 1%의 사람만 소개했을지도 모른다.

지금까지 너무 극단적인 예만 들었다며 오히려 설득력이 없다고 말하는 사람이 있을 수도 있겠지만, 세상에는 실상 그렇지도 않으면서 이와 같은 이해(利害)의 편의에 영향받기 쉬운 정보가 얼마든지 있다.

일례로 '비디오게임을 하는 아이는 바보가 되기 쉽다'는 말이 있다. 닌텐도의 패미컴(일본 닌텐도 사에서 1983년 발매한 게임 전용의 8비트 컴퓨터_옮긴이)이 크게 유행했던 1980년대부터 지금까지 위 사실을 증명한 연구 결과가 신문이나 TV를 통해 여러 차례 보도된 바 있으며 책으로 출판되기까지 했다. 이는 당시 초등·중학생 아이를 둔 어머니들 사이에서 엄청난 화제를 불러일으켰다.

이 책을 읽고 있는 여러분 중에도 비디오게임이 아이들의 교육에 나쁜 영향을 미친다고 생각하는 사람이 당연히 있을 것이다. 그러나 도대체 비디오게임을 하고, 하지 않는 아이들 사이에 어느 정도의 지능과 성적 차이가 나타나며 그러한 연구는 어떤 방식으로 진행됐는지 아는 사람이 있는가? '아이들이 비디오게임을 하고 있을 때의 뇌파를 측정했다' 정도의 연구를 통해서는 '그럴지도 모른다'는 가설은 세울 수 있어도 사회적인 합의를 도출해낼 수 있을 정도의 진실까지는 도달하지 못한다.

내 주위에도 어릴 적에 지나치게 비디오게임에 몰두하여 공부를 소홀히 했던 친구가 분명 있었지만, 지금도 역시 틈나는 대로 게임에 빠져 지내는 도쿄대학생 친구 또한 적지 않다. 그래서 나는 적어도 '직감적'으로는 위 말에 쉽게 수긍할 수 없으며 실제로 어떻게 연구가 진행되어 어떤 결과가 나왔는지 모르는 이상 '알 수 없다'는 말밖에는 할 수 없다. 그런데도 왜 본래 '알 수 없다'는 말밖에는 할 수 없어야 하는 것들에 그토록 많은 주장들이 마치 진리인 양 폭넓게 확산된 것일까.

내가 생각하는 하나의 가능성은 '그렇게 하는 게 자신에게 유리하니까'이다. 비디오게임을 즐겨 하는 아이를 둔 엄마는 자신이 게임 애호가가 아니므로 비디오게임을 좋아할 리가 없다. 아이가 즐거워하는 모습을 보는 것이 싫지는 않겠지만, 게임기 본체 가격만 수만 엔, 새로운 게임 소프트웨어가 출시될 때마다 개당 1만 엔 미만 등, 자신이 잘 모르는 물건에 돈을 쓰는 것이 썩 달갑지는 않을 것이다. 더군다나 아이가 게임에 열중하고 있을 때는 말을 건네도 무시당하기 일쑤이고 심지어 '방해하지 마!'라며 버럭 화까지 내니 어찌 호의적으로 바라볼 수 있겠는가.

그런 엄마들이 '비디오게임은 아이들에게 나쁜 영향을 끼친다'는 말을 듣는다면 우선은 무조건 믿고 싶을 것이고 자주 어울리는 동년배 친구들에게 전하려 할 것이다. TV 방송이나 신문기사, 서적의 형태로 정보를 내보내는 입장에 있는 사람들도 이 이야기를 확산시키는 것이 형편에 맞아떨어진다. 소비자들에게 주목받는 이야기를 내보낼수록 더 큰 이익이 생기기 때문이다. 만약 세상에 비디오게임을 몰아내려는 의식을 가진 엄마들이 많아진다면 당연히 그 생각을 돈벌이 수단으로 삼으려는 사람도 나타난다.

또 비디오게임이라는 것을 TV나 책의 경쟁상대로 보는 측면이 작용할 수도 있다. 비디오게임을 하는 동안에는 TV를 시청하거나 책을 읽지 못한다. 비디오게임이 설 자리를 잃으면 시청률은 오를 것이고 책의 매출 또한 증가할지도 모른다. 다시 말해 출판 시장이 해마다 위축되는 가운데 게임시장 규모가 커지는 것을 달가워하지 않는 출판 관계자가 있을 수도 있으니 그들로서는 좀 더 적극적으로 비디오게임의 폐해를 세상에 널리 알리고 싶은 마음이 들 것이다.

반대로, 신문이나 책을 통해 'TV를 장시간 시청하면 아이들의 교육에 나쁘다'는 말이 한동안 화제가 된 적도 있는데, 방송국이 굳이 이런 이야기를 널리 알리기 위해 적극적으로 나서는 일은 아마도 없을 것이다.

물론 이 모든 것은 어디까지나 하나의 가능성이다.

나는 결코 '게임은 나쁘지 않다'고 말하는 쪽이 아니며, 더불어 대중매체는 자주 거짓말을 퍼트리고 어린아이를 키우는 엄마는 쉽게 속는다는 따위의 주장을 하는 것도 아니다. 그러나 세상에 넘쳐흐르는 정보가 사람의 손을 거치는 이상 거기에는 반드시 의식적이든 무의식적이든 편의적인 선택이나 주관적인 필터가 작용할 가능성이 있다는 사실을 결코 잊어서는 안 된다.

그리고 자신이 특별한 근거도 없이 어떤 이야기를 믿고 싶을 때 혹은 누군가에게 전하고 싶을 때는 '자신의 형편에는 그렇게 하는 것이 좋으니까' 했을 가능성이 있지는 않은지 조금은 자문자답해볼 필요가 있다. 그렇게 하면 때로 뜻밖의 진실과 마주칠지도 모른다.

3. 선입견으로 생각이 바뀐다

비싸다고 다 좋은 것이 아닐 수 있다.

연예인의 눈을 안대로 가린 다음 두 종류의 와인을 마시게 하고 어느 쪽이 비싼 와인인지 알아맞히는 TV 프로그램이 있었다. 유명 연예인도 잘 맞히지 못할 정도로 실패 확률이 높았는데, 이것은 뒤집어 말하자면 아무런 정보도 없는 상태에서는 싼 와인이 맛있게 느껴질 때가 더 많다는 뜻이 아닐까.

비단 와인뿐만 아니라 세상에서 팔리고 있는 온갖 물건들은 모두 분명 같아 보이는데도 고급품으로 여겨지는 것과 싸구려로 분류되는 것이 있다. 물론 고급품 중에는 그에 걸맞은 이유가 있어서 그렇게 나눠지는 경우도 있지만, 그 외에 '선입견에 의한 편의'가 고급품을 더 고급스럽게 여기도록 만든다는 측면도 있다.

여러분은 표고버섯과 송이버섯 중 어느 쪽이 더 맛있다고 느끼는가? 일본과 독일의 자동차 중 어느 쪽을 탔을 때 더 '쾌적한 느낌'이 드는가? 5만 엔짜리와 100만 엔짜리 스피커 중 어느 쪽에서 나오는 음악이 좋다고 생각하는가?

표고버섯도 충분히 맛있을 것이고 송이버섯과 표고버섯에서 나는 향기의 차이는 어디까지나 서로 질적인 다름을 나타낼 뿐 이것이 우열을 말하는 것은 아니다. 일본 자동차는 전 세계적으로 호평을 받고 있으며 안전성과 운전 편의성, 뛰어난 연비, 고장이 잘 나지 않는 점 등 다른 어떤 외국차와 비교해도 유리한 점이 많다. 오디오에 대해서도 똑같은 말을 할 수 있을 것이다.

그런데도 '이것은 고급품이야', '좋은 거야'라는 말을 들으면 왠지 정말로 그런 것처럼 느껴지는 경향이 있는데 이것 또한 '선입견에 의한 편의'의 일례이다. 그래서 기업들은 저마다 자사의 상품이 '고급스럽다', '명품이다'라는 이미지를 갖도록 광고와 홍보에 총력을 기울인다.

일본인이 좋아하는 혈액형 이야기를 해보자.

흔히 A형은 꼼꼼하고 AB형은 괴짜라는 말들을 많이 하는데 이에 대해서도 제대로 된 연구 결과는 없다. 그런데도 왠지 모르게 일본인은 대체로 이 내용을 믿는데 여기에도 뭔가 선입견에 의한 편의가 개입되었을 가능성이 있지 않을까.

인간은 다양한 측면을 내포하고 있다. 아무리 적당히 사는 사람이라도 꼼꼼하게 일하는 부분이 있고 성실한 사람이라도 이상한 일을 생각하거나 심지어는 실제로 그것을 행동으로 옮기는 때도 있다. 그렇지만 A형은 꼼꼼한 성격의 소유자라는 생각이 머릿속에 꽉 차 있으면 혈액형이 A형인 사람을 볼 때 그 사람이 가지고 있는 다양한 측면 가운데서도 유독 꼼꼼한 부분만이 우선적으로 눈에 들어온다.

또 유·소년 시절 성격이 형성되는 과정에서 '너는 A형이니 성격이 꼼꼼할 거야'라는 말을 지속적으로 듣다 보면 자신의 꼼꼼한 부분에만 신경이 쓰이게 마련이다. 그래서 '나는 A형이므로 꼼꼼한 성격일 거야'라고 자기최면을 걸게 되고 남에게도 그렇게 인식받고자 하는 습성이 생김으로써 A형 인간으로 자라나는 건지도 모른다.

이처럼 선입견이 한 번 자리를 잡으면 그와 일치하는 정보는 인지하기 쉽고, 기억하기 쉽고, 생각해내기 쉬워지므로 한쪽으로 쏠린 '경험'이 쌓이게 된다.

이런 상태가 오래 지속되면 최악의 경우 부당한 차별이나 편견으로도 이어지기 때문에 주의해야 한다.

4. 편의에 의해 생기는 도시 전설

화제성이 있으면 사실과 다른 말이라도 널리 퍼진다.

지금까지 '사람들은 자신의 주변에 존재하는 다양한 편의에 의해 영향받을 가능성이 있다'는 점을 여러 사례를 들어가며 설명했는데, 여기서는 이제 정리하는 차원에서 실제로 왜 그렇게 사람들이 소문에 쉽게 현혹되는지 그 과정을 한 번 알아보겠다.

혹시 '소니 타이머'라는 말을 들어본 적이 있는가? 모르는 사람을 위해 간단히 설명하겠다. 소니 타이머는 일종의 도시 전설로 다음과 같은 내용이다.

소니 사의 제품은 언제나 보증기간이 끝난 뒤 새로운 기종이 출시될 즈음에 마치 타이머를 장착해놓기라도 한 듯이 고장이 난다. 그래서 사용자들은 대부분 기존 제품을 계속 사용하기 위해 수리비용을 들이느니 차라리 신제품을 사는 것이 더 낫다는 생각을 갖게 된다. 이것은 분명 소니 사가 제품을 팔아치우기 위해 그 무렵에 고장 나도록 타이머를 걸어놓았음에 틀림없다.

이처럼 '신제품이 출시될 즈음 고장이 나는 현상'을 빗대어 소니 타이머라 하는 것이다. 결국 소니 사의 경영자가 직접 공식석상에서 해명하는 사태로까지 번졌는데, 그렇다면 왜 '소니 타이머'라는 것이 그토록 널리 확산될 수 있었을까?

가장 먼저 '여러분이 구매한 소니 제품이 신제품 출시 시점에 망가져버린다'는 현상이 어느 정도의 빈도로 발생하는지 생각해보겠다. 소니 제품은 품목이 다양한 만큼 누구라도 한두 개는 가지고 있을 테니 현재 시중에서 사용되는 제품 수는 분명 억 단위를 넘는 수치일 것이다.

그 수가 1억을 넘는다면 구입 후 1, 2년 이내에 발생할 고장률이 0.001%라 가정할 때 1000건의 고장이 생긴다. 아무리 최선을 다해 물건을 만들더라도 '때마침 신제품이 출시되는 시점에 고장' 나는 일이 항상 그 정도의 건수로 발생하는 셈이다.

두 번째로 다음 중에서 어떤 게 퍼지기 쉽고 기억에도 오래 남는지 살펴보겠다. '자신이 구매한 소니 제품이 때마침 신제품이 출시되는 시점에 고장 났다'는 말을, '소니 제품이 사자마자 고장 났지만 보증기간이라서 교환 받을 수 있었다'는 말 혹은 '내가 산 소니 제품은 몇 년을 써도 망가지지 않는다'는 말 등과 비교했을 때 어느 쪽이 더 전하기가 쉽고 기억에도 오래 남을까.

당연히 '때마침 신제품이 출시되는 시점에 고장 났다'는 말이 더 화젯거리가 되고 기억하기도 쉬운 것을 알 수 있다. 반면에 비교 대상이 된 나머지 둘은 그저 건성으로 들어 넘기는 말이 될 가능성이 크다. 그러니까 소니 타이머는 다른 말과 비교해 화제성이 있고, 기억하기 쉽고, 널리 퍼지기도 쉽다고 말할 수 있지 않을까.

소니 사는 다른 오디오 제조업체 등과 비교해도 매우 덩치가 큰 기업이고 유명 브랜드이며 충성도 높은 고객도 다수 보유하고 있는 한편으로, 유명세 때문인지 몰라도 적대적인 감정을 갖고 대하는 사람도 분명 있다. 또 시장에서 유리한 위치에 있는 기업이기 때문에 가격 결정이나 판매전략 등에서 강하게

| '소니 타이머'라는 도시 전설이 생긴 과정 |

대기업인 소니 사의 제품은 시중에 1억 개가 넘게 깔려 있다

때마침 내가 가진 제품의 보증기간이 끝났는데 고장이 나서 매장을 찾았더니
신제품을 판매하고 있다

소니 사는 매해 신제품을 출시하기 때문에 고장률을 0.001%라 했을 때
적어도 1000건의 그런 일이 생긴다

친구에게 불평을 하니 마침 친구도 그런 적이 있다고 말한다

'소니 사의 제품은 신제품이 출시될 즈음 고장이 나도록 타이머를 장착시켜놓았다'는
말을 주위 사람들에게 한다

기억하기 싶고 전하기도 쉬운 말이라서
'소니 타이머'란 용어가 곧 도시 전체로 퍼진다

몰아붙이는 일이 있을 수도 있다. 그래서 이익률이 더 높은 타사 제품을 팔고자 하는 판매점의 직원이나 그다지 소니라는 브랜드에 호의적이지 못한 사람이라면 '소니 타이머'라는 도시 전설을 적극적으로 믿으려들 것이고 나아가 널리 퍼트리고 싶어 할 것이다.

그리고 일단 그 재미있는 도시 전설을 듣게 되면 실제로 자신이 소유한 소니 제품을 바라보는 시선도 조금은 변화할 것이다. 예를 들어 평상시라면 신경조차 쓰이지 않던 몇 가지 불편 사항이 때마침 소니 타이머에 해당될 것 같은 기간에 놓여 있으면 '아니나 다를까 역시 그렇군!' 하고 생각할지도 모른다. 지금까지 몇 번이고 구입하여 써오던 소니 제품 가운데 소니 타이머의 조건에 들어맞는 물건만 더 강하게 의식하고 신경 쓰다 보니 '내 경험에 비춰봐도 실제로 그렇다'고 판단하는 경우가 생길 수 있다.

또 보증기간이 끝났을 때 고장이 나서 수리를 위해 매장을 찾아갔더니 때마침 신제품이 나와 있는 것을 보고 '이 역시 소니 타이머가 아닌가'라고 생각을 하는 사람이 있을지도 모른다. 하지만 소니가 해마다 신제품을 출시하는 이상, 어느 의미로는 소니로서도 매우 억울한 일이라 할 수도 있다.

조금만 깊이 생각해도 누구나 고개를 가로저을, 소니 타이머라는 말도 안 되는 이야기가 널리 퍼진 데에는, 바로 이런 편의가 작용했으리라고 본다.

개인적인 생각을 덧붙이자면, 소니가 항상 타사에 앞서 최신 기술을 접목한 도전적인 제품을 계속 만드는 한 다소의 고장 정도는 너그러운 시선으로 바라볼 필요가 있지 않을까 한다. 새로운 시도에는 늘 어느 정도의 시행착오가 따르기 마련이며 처음부터 완벽한 제품은 없기 때문이다.

도시 전설을 통해 우리가 얻어야 할 교훈은 '믿고 안 믿고는 어디까지나 여러분의 자유'지만 믿기 전에 한 번쯤은 부디 우리 주변에 존재하는 편의를 감안하라는 점이다.

제4장

모르면 모르는 대로
목표부터 설정하라

어떤 상황에서 대략적이라도 추정을 해보면 막연히 '이게 아닐까'라고 생각하는 것보다 훨씬 합리적인 결정을 내릴 수 있다.

1. 지극히 정확한 '대략적 추측'

'시카고에는 몇 명의 피아노 조율사가 있을까'를
확률적으로 추정할 수 있을까?

앞에서도 이미 밝혔듯이 확률적 사고의 장점은, 하나하나의 사안에 대해 정확히 알아맞히지는 못하더라도 '그것들을 모아 놓았을 때 뭔가를 알게 된다'는 점이다.

전체적인 모습을 판단하지 않을 때 '나무만 보고 숲은 보지 않는다'는 표현을 쓰기도 하는데, '나무가 안 보여도 숲이 보이는 것'이 바로 확률적 사고이다. 하나하나의 나무가 어떤 종류인지는 몰라도 숲을 이루는 나무들 중에서 침엽수가 많은지 활엽수가 많은지, 혹은 잎의 상태는 어떠하며 열매는 열려 있는지 따위를 대략적으로 알면 그 숲을 자원으로 어떻게 활용할지 판단할 수 있다. 나무를 하나하나 살피는 것은 그 후에 하더라도 상관없다.

이번 장에서는 그런 숲에 대해 '대략적 추측'을 할 수 있는 방법론을 다룰 것이다. 이 장을 다 읽고 나면 아마 여러분도 지금까지 어떻게 생각해야 할지 몰랐던 부분에 대해 적절한 사고의 틀을 갖게 될 것이라고 본다.

그러면 '어떻게 생각해야 할지 몰랐던 부분'의 예로서 다음과 같은 질문을 던져보겠다.

시카고에 피아노 조율사는 몇 명 있을까?

실제로 대기업 입사시험에 출제되어 널리 알려진 문제인데 여러분은 어떻게 대답하겠는가? 참고로 시카고에 간 적도 없으며 알고 지내는 피아노 조율사도 없고 인터넷을 통해 검색조차 할 수 없는 상황이라고 가정한다. 이렇게 해놓으면 손발이 다 묶인 상태에서 어떻게 계산하라고 하냐며 항의할 수도 있지만 '확률적 사고'가 몸에 배어 있는 사람이라면 최소한의 추정은 할 수 있다.

어디에서부터 손을 대야 할지 모르겠지만, 우선은 이런 식
으로 생각해보라.

시카고의 전체 인구 × 열심히 피아노를 연주하는 사람의 비율
= 열심히 피아노를 연주하는 사람의 수

열심히 피아노를 연주하는 사람의 수 × 1년 동안 조율을 부탁하
는 빈도 × 조율비로 부담하는 금액
= 연간 시카고 전체에서 발생되는 피아노 조율비의 합계

시카고 전체에서 발생되는 피아노 조율비 × 제반 경비를 고려한
이익률 = 조율사의 평균 연 수입 × 조율사의 수

위와 같은 사고 모델(사물을 명확히 밝히는 데 활용되는 추상적 표
상, 현실을 과잉 단순화시켜서 현상의 중요한 특징을 부각시키기 위한 이론적
시각이다_옮긴이)을 만들어놓고 각각의 항목에 그 값을 추정해 적
용시켜보겠다.

우선 전체 인구인데 시카고는 미국 내에서도 다섯 손가락
안에 드는 대도시인 것만은 분명하므로 아마 100만 명은 훌쩍

뛰어넘을 것이다. 그렇다고 500만을 넘을 정도의 거대도시는 아니므로 여기서는 편의상 300만 명으로 정한다.

다음으로 열심히 피아노를 연주하는 사람의 비율은 일본과 거의 같은 수준이라 가정하겠다. 초등·중학생이면 한 반에 한두 명의 비율로 있지만 고등학교에 올라가서는 동아리 활동이나 공부하느라 바빠서 그만두는 경우가 많다. 그 이외에 음악 대학 재학생이나 음악대학을 졸업한 피아노 선생님, 그리고 전문 연주자 등이 있을 것이다.

전문 음악 교육을 받은 적도 없이 취미 삼아 피아노를 치는 사람은 그다지 많지는 않을 것이다. 어느 정도 나이를 먹으면 피아노 강사를 그만두는 경우가 많으므로 그런 사람들에 대해서는 고령자가 되기 전까지만 대상자로 넣겠다.

그렇다면 이제, 피아노를 열심히 연습하는 사람의 비율을 좀 더 구체적으로 압축하여 다음과 같이 생각할 수 있을 것이다.

전체 인구 중에서 피아노를 열심히 연습하는 사람의 비율
= 전체 인구 중에서 초등·중학생이 차지하는 비율 × 초등·중학생 중에서 피아노를 열심히 연주하는 사람의 비율
+ 전체 인구 중에서 고등학생 이상 고령자 미만인 사람의 비율

× 고등학생 이상으로 피아노를 열심히 연주하는 사람의 비율

위 모델에 대해 생각해보자.

만약 사람이 모두 100세까지 살고 연령대별 인구의 증감도 없다면 나이가 같은 사람은 늘 인구의 1%라 가정할 수 있다. 일본만큼 심각하지는 않더라도 미국 또한 인구 고령화가 진행되고 있으므로 초등·중학생은 평균적인 연령대 구성의 80% 정도밖에 안 되는 것으로 가정한다. 또 일본이 장수 국가라는 점을 감안하여 미국의 평균수명은 일본보다 약간 낮은 75살이라고 설정하겠다.

이렇게 하면 초등·중학교에 다니는 9년 동안의 연령대에 속하는 사람의 비율은 대략 9 ÷ 75 × 0.8로 계산할 수 있다.

마찬가지로 고등학생 이상이며 고령자 미만인 비율은 평균적인 연령대 구성이 된다고 생각할 수 있고 13~60세까지를 생각하면 되므로 48 ÷ 75로 계산할 수 있다.

또 방금 전에도 언급했듯이 초등·중학생 가운데서는 1.5 ÷ 40이 피아노를 열심히 연주하는 비율, 고등학생 이상에서는 그것이 100명에 1명 정도까지 감소할 거라고 생각한다.

전체 인구 중에서 피아노를 열심히 연주하는 사람의 비율

$$= \left(\frac{9}{75} \times 0.8 \right)^{①} \times \frac{1.5}{40}^{②} + \frac{48}{75}^{③} \times \frac{1}{100}^{④} = \frac{1}{100}$$

① 초등~중학생의 비율

② 초등~중학생 중에서 피아노에 열심인 사람의 비율

③ 고등학생~고령자 미만인 사람의 비율

④ 고등학생~고령자 미만 중에서 피아노에 열심인 사람의 비율

마지막으로 조율비, 조율을 하는 빈도, 이익률, 조율사의 평균 연간수입 등도 짐작하기가 쉽지는 않은데 일단 조율비는 1만 5000엔이고 1년에 1회, 이익률은 80%, 연간 평균수입은 400만 엔으로 설정한다. (시카고이므로 본래 달러로 환산해야 하나 여기서는 감각적으로 이해하기 쉽도록 엔화로 책정하겠다.)

연간 시카고 전체에서 발생되는 조율비

$$= 300만^{①} \times \frac{1}{100}^{②} \times 1^{③} \times 1만\,5000엔^{④} = 4.5억\,엔$$

① 시카고 인구

② 피아노를 열심히 연주하는 사람의 비율

③ 빈도

④ 1회의 금액

시카고에 있는 피아노 조율사의 수

$$= 4.5억 엩 \overset{①}{} \times \frac{80}{100} \overset{②}{} \div 400만 엩 \overset{③}{} = 90명$$

① 시카고 전체의 조율비

② 이익률

③ 연간 평균수입

이상의 가정에 근거해 계산해보니 시카고에 있는 조율사는 90명이라 추정할 수 있다.

위와 같은 사고 방법을 '페르미 추정법(1938년 노벨물리학상을 수상한 이탈리아의 물리학자 엔리코 페르미Enrico Fermi가 고안해낸 사고력 측정법_옮긴이)'이라 하는데 정보가 전혀 없고 짐작하기 힘든 사항을 계산하기 위해 우선 모델을 만들고 그 모델에 가정값을 주어 결과를 추정하는 방법이다. 즉 상식적인 범위 내에서 대략적인 수치를 추정해 계산하고 이를 이용해 또 다른 계산을 해 결론을 내려가는 것이다.

나도 최근에야 알았는데, 이는 마이크로소프트 사나 구글 사의 입사시험으로 출제된 뒤 갑자기 유명해졌다고 한다.

여기서 중요한 것은 '어떤 모델'을 만들고 '가정값을 어떻게 주는가' 하는 부분이다. '대략 100명 정도가 아닐까', '아니 1000 명 정도는 될 거야' 같은 식으로 막무가내식 판단을 한다면 더 이상 논의를 진전시키기 힘들고 '더 정확한 추정을 하려면 무엇 을 조사해야 할까' 하는 부분에 대해서도 알 방법이 없다.

그렇지만 가정과 모델을 분명히 정함으로써 '이 모델에 포 함되지 않은, 그 밖의 고려할 요인은 없는가'라거나 '여기서 가 정한 수치의 정확도를 더 높일 수는 없는가' 혹은 '관점을 달리 하여 모델을 만들면 더 정확한 수치에 근거한 추정이 가능하지 않을까' 같은 식으로 적극적인 검토를 할 수 있다.

예를 들어 시카고 시내의 피아노 대수를 조사해도 무방하 며, 피아노 조율사를 육성하는 전문학교의 정원을 조사해도 상 관없다. 지금까지 한 추정은 어디까지나 '아무것도 조사할 수 없는 상태'에서 진행된 것이다.

다양한 요소에 대해 대체로 이 정도일 거라는 직감이라든 가, 자신의 경험적인 수치를 '시카고에 대해서도 거의 유사하 다'는 가정 아래 적용해나갔다.

시카고의 인구는 인터넷을 통해 조사하면 곧바로 정확하게 알 수 있고, 피아노 조율비와 음악 교육을 전문적으로 실시하 는 대학의 수, 정원과 인원 등도 파악할 수 있다. 또 미국으로 음악 유학을 떠난 친척이나 친구가 있으면 미국인과 일본인이 피아노 조율을 하는 빈도에 차이가 있는지 등도 의견을 구할 수 있을지도 모른다.

하나하나의 부분만을 보면 직감을 포함하고 있더라도, 완전히 제멋대로 이 정도일 거라고 추정하기보다는 훨씬 더 합리적이라 볼 수 있지 않을까.

페르미 추정법은 전혀 상상조차 할 수 없는 것을 어떻게 정리하면 좋을지 그 뼈대를 제공해준다는 점에서 매우 유용하다. 그러나 현실은, 조사해서는 안 되고 혹은 할 수 없는 상황은 드물기 때문에 '대략적 추측'을 되도록 정확한 것으로 만들기 위해 하나하나의 요소를 자세히 조사할 필요가 있다.

이렇게 하면 비로소 '가능한 한 정확한 추측'이 얻어진다.

그러나 이 정도로 '이제 어떤 문제나 상황에서도 비교적 합리적인 추정을 통해 확률적 사고를 할 수 있게 되었어'라고 생각하기에는 이르다. 중요한 것은 '어느 정도 부정확할까'에 대해서도 따로 검토할 필요가 있다는 점이다.

다음에는 그런 부분에 대해 생각해보겠다.

>> 구글 입사 시험 문제 생각해보기

여기서 잠깐 구글의 다른 입사 문제를 알아보자. 어떤 것
들은 정확한 답이 있다기보다 창의성을 보려고 하는 문제
들이다.

1. 스쿨버스에는 골프공이 몇 개나 들어갈까?

2. 시애틀 시에 있는 모든 건물의 유리창을 닦아준다면 얼마를
   받아야 할까?

3. 사람들이 오직 아들만 원하는 나라에서 모든 가족이 아들을
   낳을 때까지 계속 아이를 낳는다(아들을 낳는다면 더 이상 아이
   를 갖지 않는다)면 이 나라에서 아들과 딸의 성비는?

4. 전 세계에는 얼마나 많은 피아노 조율사가 있는가?(시카고에
   는 얼마나 많은 피아노 조율사가 있을까?)

5. 왜 맨홀 구멍 뚜껑은 둥근가?

6. 하루에 시계의 분침과 시침은 몇 번 겹치는가?

7. 당신은 8개의 공을 가지고 있다. 이중 7개의 무게는 같고 1개
   는 약간 더 무겁다. 어떻게 하면 양손저울을 이용해 딱 두 번

만 공 무게를 재서 더 무거운 공을 찾아낼 수 있는가?

8. 여덟 살짜리 조카에게 단 세 문장으로 데이터베이스가 무엇 인지 설명하라.

〈비즈니스인사이더〉가 공개한 답

① 25만 개 ② 유리창당 10달러 ③ 50대 50 ④ 조율 수요에 따라 다 르다(12만 5000명) ⑤ 둥글어야 빠지지 않는다 ⑥ 22번(AM 12:00, 1:05, 2:11, 3:16, 4:22, 5:27, 6:33, 7:38, 8:44, 9:49, 10:55 / PM 12:00, 1:05, 2:11, 3:16, 4:22, 5:27, 6:33, 7:38, 8:44, 9:49, 10:55) ⑦ 먼저 8개의 공 가운데 6개를 골라 3개씩 한쪽 저울에 올린 다. 만일 무거운 공이 6개 가운데 없으면 나머지 2개 가운데 하나가 무 거운 공인 것이 분명한 만큼 이를 저울에 다시 재서 확인하면 되고, 만일 무거운 공이 좌우 2그룹으로 나뉜 6개의 공 가운데 있다면 무거운 3개 의 공 가운데 2개를 재서 확인하면 그것으로 끝이다 ⑧ '데이터베이스는 많은 것에 대한 많은 정보를 기억하는 기계란다. 사람들은 기억을 돕기 위해 이를 사용한단다. 나가 놀아라.'

※ 구글은 더 이상 이 문제들을 사용하지 않는다고 한다.

2. 추정의 최대와 최소치를 설정하라

잘못을 저지를 가능성을 낮추려면
최대와 최소치를 생각해보아야 한다.

앞에서 시카고 시내의 피아노 조율사는 90명 정도라고 추정했는데 이것은 과연 올바른 숫자일까?

내가 이런 말을 하기는 좀 뭐하지만 만약 저런 엉성한 계산을 '당연히 맞다!' 하고 주장하는 사람이 있다면 나는 그 사람이 과연 제정신일까 의심할지도 모른다.

물론 시카고의 인구가 289만 6016명(2000년 시점)이라거나 시카고 시내에 있는 악기 가게의 웹사이트를 통해 피아노 조율 서비스의 요금을 조사했더니 110달러였다는 등 각각의 근거가 되는 수치가 주어지면 추정의 신뢰성이나 정확도를 높일 수는 있다. 하지만 모든 수치가 확실하지 않은 이상 당연히 최종적으로 내리는 추정에도 '최대와 최소치'가 생긴다.

중요한 것은 단지 가장 그럴듯한 수치를 정하는 데만 급급하지 말고 그 수치에 어느 정도의 폭이 생길 수 있는지도 명확히 규정해야 한다는 점이다.

이를 시카고의 피아노 조율사 수 계산 전체에 적용시키면 엄청 복잡해지므로 여기서는 조금 단순화시켜 '시카고에서 열심히 피아노를 연주하는 사람의 비율'만 예로 들어보자.

앞에서 피아노를 열심히 연습하는 사람의 비율에 대해 다음과 같은 모델을 생각했다.

전체 인구 중에서 피아노를 열심히 연습하는 사람의 비율

= 전체 인구 중에서 초등·중학생이 차지하는 비율 × 초등·중학생 중에서 피아노를 열심히 연주하는 사람의 비율

+ 전체 인구 중에서 고등학생 이상 고령자 미만인 사람의 비율 × 고등학생 이상으로 피아노를 열심히 연주하는 사람의 비율

이 모델이 올바른지 어떤지에 관해서도 의견이 갈릴 수는

있겠지만 우선 이것을 '조사 가능한 숫자를 사용하여 되도록 정확한 결과'를 내기 위해서는 어떠한 형태로 고쳐야 할지 살펴보겠다.

우선 인터넷을 통해 시카고의 인구를 조사했더니 2000년 시점에서 아래와 같은 정보가 얻어졌다.

전체 인구 289만 6016명

18세 미만 미성년자 26.2%

18세 이상 24세 이하 11.2%

25세 이상 44세 이하 33.4%

45세 이상 64세 이하 18.9%

65세 이상 10.3%

위 자료를 방금 전의 모델에 대입하면 아래와 같다.

전체 인구 중에서 피아노를 열심히 연습하는 사람의 비율

= 26.2% × 18세 미만 중에서 초등·중학생이 차지하는 비율

× 초등·중학생 중에서 피아노를 열심히 연주하는 사람의 비율

+ ((26.2% × 18세 미만 중에서 고등학생이 차지하는 비율)

+ 11.2% + 33.4% + 18.9%) × 고등학생 이상으로 피아노를 열심히 연주하는 사람의 비율

객관성 있는 정보를 사용한 만큼 좀 더 정확해진 것 같지만, 여전히 몇 개의 수치를 가정하지 않으면 안 된다.

가정하는 수치는 아래와 같다.

18세 미만 중에서 초등·중학생이 차지하는 비율
18세 미만 중에서 고등학생이 차지하는 비율
초등·중학생 중에서 피아노를 열심히 연주하는 사람의 비율
고등학생 이상으로 피아노를 열심히 연주하는 사람의 비율

이것들에 대한 가장 합당한 수치를 추정해보자. 먼저 초등·중학교는 9년 과정이니 17세 미만 중 초등·중학생이 차지하는 비율은 18분의 9, 고등학생의 경우는 16세나 17세이므로 18분의 2일 것이라 생각할 수 있다. 일부 정확한 수치를 모델에 대입시킨 만큼 다소 추정은 명확해지겠지만 그렇더라도 완전하지는 않다.

여기서 중요한 것이 가장 합당한 수치를 추정했다면 이제

'최대 어디에서 최고 어디까지의 범위에 들어갈까'라는 부분을 생각해보는 것이다. 즉 각각의 모델에 의해 계산된 값 중에서 '분명 그럴 리가 없다'라고 단언할 수 없는 최대값과 최소값을 구해보는 것이다. 그렇게 하려면 '추정값'의 범위를 하나하나 살펴봐야 한다.

예를 들어 18세 미만 중에서 초등 · 중학생이 차지하는 비율이 18분의 9, 즉 2분의 1이라는 추정을 했는데, 이것은 어디까지나 0~17세까지가 균등하게 존재한다는 가정에 근거한다. 극단적으로 출생률이 저하되어 연령대별 구성이 연상일수록 많아진다면, 16~17세만큼은 아니더라도 초등학생 미만의 낮은 연령대보다 초등 · 중학생이 상대적으로 많을 것이라고 생각할 수 있다.

또 16~17세의 연령대가 비율적으로 훨씬 많아 초등 · 중학생이 2분의 1보다 조금 적어질 가능성도 배제할 수 없다. 그러므로 '18세 미만 중에서 초등 · 중학생이 차지하는 비율'을 단지 2분의 1이라는 값으로 단정하지 말고 가령 '5% 감소'에서 '20% 증가'까지를 염두에 두고 생각할 필요가 있다.

이 모두는 객관적인 조사에 근거한 수치는 아니지만 최대, 최소 추정으로 잘못의 가능성을 줄일 수 있다. 이를 고려하면 개개의 값은 다음과 같이 생각할 수 있다.

18세 미만 중에서 초등·중학생이 차지하는 비율

⇨ 47.5~ 60.0(18분의 9의 5% 감소~20% 증가)

18세 미만 중에서 고등학생이 차지하는 비율

⇨ 10.5~13.3%(18분의 2의 5% 감소~20% 증가)

초등·중학생 중에서 피아노를 열심히 연주하는 사람의 비율

⇨ 2~5%(40명 중 약 1~2명)

고등학생 이상으로 피아노를 열심히 연주하는 사람의 비율

⇨ 0.5~ 2%(200명에 1명~50명에 1명)

이 수치를 조금 전의 모델에 대입한 계산 결과는 다음과 같다.

전체 인구 중에서 피아노를 열심히 연습하는 사람의 비율(최대)

= 26.2% × 60.0% × 5%

+ ((26.2% × 13.3%) + 11.2% + 33.4% + 18.9%) × 2%

= 2.1%

전체 인구 중에서 피아노를 열심히 연습하는 사람의 비율(최소)

= 26.2% × 47.5% × 2%

+ ((26.2% × 10.5%) + 11.2% + 33.4% + 18.9%) × 0.5%

= 0.6%

따라서 '피아노를 열심히 연주하는 사람의 비율'은 0.6~2.1%
가 최대와 최소라고 할 수 있으며 여기에 약 300만 명이라는
(정확히는 2000년 시점에 289만 6016명) 시카고의 인구를 대입하
면 시카고 시내에 있는 피아노를 열심히 연주하는 사람은 1만
5000~5만 7000명 정도라 추정할 수 있다.

그런데 왜 이처럼 최대와 최소를 생각해야 할까?

무엇보다 그렇게 해야 잘못을 저지를 가능성이 낮아지기 때
문이다. 이러한 추정은 모델이나 가정한 수치 등 여러 가지 면
에서 잘못이 생길 수 있다. 그렇지만 하나하나의 가정에 자신
의 직감으로 가장 합당한 값이 아니라 '최소로 이 정도는', '최
대라도 이 정도는' 같은 구간을 생각함으로써 진실의 값을 그
안에 포함시킬 수 있다.

또 구간을 생각할 때에는 우선 '왜 이런 추정을 하는가'라
는 목적을 명확하게 설정하는 일도 중요하다. 앞에서는 이 점
을 굳이 언급하지 않았지만 우리가 실생활에서 그저 단순한
호기심 때문에 시카고에 있는 피아노 조율사의 수를 알려고

하지는 않을 것이다. 하지만 시카고에 피아노를 포함한 악기 수리점을 내려는 사람이 있다면 그는 필시 경쟁상대 분석은 물론 사전에 시장조사를 하려는 목적을 갖고 이런 추정을 했을 것이다.

목적이 분명해지면 '위험부담 때문에 가장 보수적인 결과를 생각하고 싶다'든가, '100명인지 1000명 정도인지 도대체 그 수가 얼마나 되는지 대략적으로라도 알고 싶다'는 등 무엇을 알아야 하는지가 명확해진다.

나중에 한 번 더 정리하겠지만 추정을 할 때에는 반드시 '구간'과 '목적'을 잘 생각해야 한다.

3. 모델의 한계와 유용성

제아무리 정교한 모델이라도 항상 어떤 가정이 따르게 마련이다.

이 장에서는 지금까지 가급적 정확하게 그럴듯한 값을 추정하고 목적에 부합되는 구간을 고려하는 방법에 대해 살펴보았다. 전혀 모르겠는 것이라도 세분화해 모델을 만들고 그 모델에 대입할 수 있도록 어느 정도의 구간을 가진 수치를 가정하면 대략적인 값을 추측할 수 있다.

이런 방법을 아느냐 모르느냐는 어두운 밤길에서 손전등을 갖고 있느냐 아니냐에 따라 사물을 분간하는 시야가 달라지는 정도의 차이나 마찬가지이다. 그렇지만 이 정도까지 했더라도 추정은 절대적이지 않다는 점을 결코 잊어서는 안 된다.

학자들은 자주 자신의 전문 분야에서 당연시되는 '모델'이 절대적이라 생각하고 TV나 신문지상에서 '이것이 진실이다'라고 주장하기도 하는데 참으로 위험한 발상이다. 제아무리 정교하고 치밀할지언정 모델은 그저 모델일 따름이며 항상 어떤 가정이 뒤따르게 마련이다. 그렇다고 '절대적이지 않으므로 모델이나 가정 따위는 의미가 없지 않느냐' 하고 되묻는다면 나는 결단코 그렇지 않다고 대답한다. 절대적이든 아니든 전혀 모르는 상황을 정리할 수 있다는 점 그 자체로 유용하다는 말을 부정할 사람은 아무도 없기 때문이다.

통계학과 관련된 것 중에 이런 유명한 경구가 있다.

'모든 모델은 잘못되어 있다. 하지만 사고를 전개해나가는 과정은 유용하다.'

유용한지 어떤지는 추정을 하는 사람이 무엇 때문에 어떤 정보를 필요로 하는가에 따라 달라진다. 사소한 정확성에 얽매이지 말고 자신이 알고자 하는 바에 대해 명확한 목적의식을 가진 다음 모델과 가정을 제대로 설정하여 눈앞의 불확실성에 대처할 수 있도록 노력해야 한다.

>> 100명의 사람을 만난다면 누구에게 청혼해야 할까

최근 일본에서는 만혼화(晚婚化)라느니 구직 활동처럼 결혼 활동이라는 말이 세인들의 입방아에 자주 오르내리고 있다. 나도 이 책이 나오는 시점이면 서른 살에 가까워지기 때문에 가끔씩 진지하게 결혼을 생각할 때도 있지만 진짜 나에게 맞는 짝을 만나려면 서두르기만 해서는 안 된다고 자기최면을 걸기도 한다.

이 책에서는 적절한 가정과 모델을 설정하면 앞을 알 수 없는 상황에서도 일정한 답을 얻어낼 수 있다는 내용을 다루고 있는데 사실 결혼 문제에 대해서도 수학적으로 분석한 연구 결과가 있다.

'결혼 문제' 혹은 '비서의 면접 문제'로 널리 알려져 있는 것인데, 그 연구에는 아래와 같은 전제조건이 있다.

- 당신은 지금부터 n명의 여성과 만나는 것으로 가정한다.
- 당신은 n의 숫자가 몇인지 알고 있는 것으로 가정한다.
- 순서에 따라 한 사람씩 만나고 그때마다 그 사람과 결혼할지 말지를 판단한다.
- 일단 결혼하지 않는다고 판단하면 두 번 다시 그 사람하고는 연락할

수 없다.

• 또 판단을 보류한 상태로 다음 사람과 만날 수도 없다.

이런 상황에서 어떻게 사람을 선택하는지의 계산 방식은 생략하겠지만, 아무튼 위의 조건 아래서 가장 좋은 반려자를 만나기 위해서는 '맨 처음의 약 3분의 1 사람하고는 결혼하지 말고 그다음 중에서 가장 적임자라 생각하는 사람에게 주저 말고 청혼하십시오'라는 결론이 도출된다.

이 문제를 한층 더 확장한 연구에서는 '나머지 3분의 1에 가까워질수록 최선은 아니더라도 차선은 된다고 생각하는 상대에게조차 적극적으로 접근하지 않으면 결국 어느 누구와도 결혼할 수 없게 된다' 같은 결과도 이끌어냈다고 한다.

위의 가정이나 모델에 대해 물론 다른 의견을 가질 수도 있다. 하지만 지금까지 만난 이성이 앞으로 자신이 결혼 대상자로서 만날 수 있는 사람의 절반은 넘을 것이라는 느낌이 든다면, 아직 본 적도 없는 사람 중에 이상형이 있을 것이라고 꿈꾸기보다 지금까지 중 누군가가 파랑새라고 생각하는 편이 좋다.

제5장

모르면 모르는 대로
흑백을 가려놓아라

"나는 밀크티를 한 모금만 마셔도 그것이 '우유를 먼저 넣은 밀크티'인지 '홍차를 먼저 넣은 밀크티'인지 알아 맞힐 수 있다."

1. 여덟 번 중 일곱 번 지면 사기?

있을 수 없는 일이 생겼다면 기적이라고 감동하고 있기보다 사기 가능성을
따져보아야 한다.

축구 시합을 시작할 때 어느 팀이 먼저 공격할지 결정하기
위해 흔히 동전던지기를 한다. 앞면과 뒷면을 각각의 팀이 정
해놓고 동전을 던져 나온 대로 공격과 수비를 정하도록 하는
것이다. 미국이나 유럽의 영화를 보면 유난히 동전던지기로 무
엇을 정하는 장면이 자주 나오는데 이 역시 '확률적인 결정 방
식'이라 봐도 무방하다.

그럼 당신이 친구와 식사를 할 때마다 '누가 식사 비용을 낼
지 동전던지기로 결정하자'라는 말을 듣고 여덟 번 중 일곱 번

졌다고 치자. 이런 경우 어떤 느낌이 드는가.

'여덟 번 중 일곱 번 지는 정도라면 있을 수 있는 범위 내에서 우연히 생길 수 있는 일이다'라고 생각하는가? 혹시 '이 친구가 무슨 사기를 친 것은 아닐까' 하는 생각이 들지는 않는가.

그렇다면 동전던지기를 100번 해서 80번 졌다면 어떨까? 또는 100번 해서 90번 졌다면 무슨 생각을 하게 될까? 지는 횟수가 많아질수록 왠지 모르게 사기가 아닐까 하는 생각이 들 것이다. 하지만 친구가 '사기라니, 당치도 않아! 우연히 네가 운이 나빴던 것뿐이야'라고 말했을 때 제대로 반박할 수 있는가?

적절한 확률적 사고가 몸에 배어 있다면 당연히 할 수 있다.

동전던지기는 분명 2분의 1의 확률로 '어느 쪽이 나올지 전혀 모른다'이지만, 그것을 여러 번 반복해 계산하면 적어도 논의를 위한 하나의 근거로 활용할 수 있다.

이 책은 확률적 사고방식의 기초를 폭넓게 다루는 게 목적이므로 구체적인 수식이나 계산 과정은 생략하지만(물론 굳이 해보고 싶다면 고등학교 1학년 과정에서도 이 부분을 다루고 있으므로 오랜만에 복습해보는 것도 괜찮다), 사기가 없다는 가정 아래 동전던지기로 여덟 번 중 일곱 번 이상 지게 될 확률은 256분의 9, 즉 3.5%밖에 되지 않는다.

이것이 과연 '운이 나빴다'로 끝나는 이야기일까?

사실 현대 통계학에서는 이처럼 '확률적으로 얼마만큼 편의가 있는가' 하는 점을 의사결정에 활용하고 있다.

앞의 경우에 빗대어 말하자면 상대방의 사기 가능성을 의심하여 이제 동전던지기로 식사 비용 내기를 거는 일은 그만두어야 하는지, 그렇지 않으면 동전던지기에 사기 가능성은 전혀 없고 그 결과는 그저 우연의 산물이라 생각해야 하는지 정해야 한다.

'사기 가능성이 없다'는 입장에 서면 불과 3.5%라는 있을 수 없는 기적이 일어난 셈이 돼버리므로 '그것은 보편적으로 생각할 때 있을 수 없는 일이다'라고 판단하게 된다. 물론 엄밀히 말해 0%는 아니기 때문에 기나긴 인생 중 한 번 정도는 일어날 수 있는 현상일지도 모르지만 일일이 '기적일지도 모른다'고 감동하고 있기보다는 있을 수 없는 일은 있을 수 없다고 판단하고 사기 가능성을 의심하는 것이 보통이다.

이 장에서는 사기 가능성 이외에도 확률적 사고에 기초하여 이 세상에서 흑백을 가리기가 어려운 일의 경우 어떻게 판단해야 하는지를 다루고자 한다.

2. 한 경기에 심판은 몇 명이 필요한가

다수결은 올바른 판단을 이끌어낼까?

스포츠나 재판에서처럼 판단하기 어려운 일을 결정해야 할 때 일반적으로 심판을 보는 사람을 두어 올바른 합의를 이끌어 내려 한다. 보통 객관적인 지표가 없이 무언가를 정할 때 '심판 3명의 다수결로 판단한다' 하는 방식이 자주 이용되는데 이것은 과연 올바른 방법일까?

확률적 사고에 근거하여 말하자면 '3명이 같은 판단을 했을 때 이는 올바를지도 모른다, 하지만 2대 1로 판단이 갈린다면 올바르다고 말하기 어렵다'고 한다. 그 이유는 무엇일까?

조금 전과 같이 동전던지기에 비유해 생각해보자.

'이 동전은 던지면 앞면이 잘 나오는지 혹은 뒷면이 잘 나오는지 판단하려면 시험 삼아 던져보는 수밖에 없다'라는 상황에서 실제로 동전을 던지고 계속해서 앞면이 나왔을 경우 어떤 말을 할 수 있을까?

전부 앞면이 나왔으니 앞면이 잘 나온다고 생각하는 게 자연스럽겠지만 일단 편의가 전혀 없는 동전 3개를 던졌을 때 모두 앞면이 나올 확률은 도대체 얼마나 되는지 알아보자. 답은 2분의 1 × 2분의 1 × 2분의 1로 8분의 1, 즉 12.5%이다. 12.5%는 '있을 수 없다'라고 강하게 주장할 정도는 아니지만 그다지 높은 확률도 아니다.

그런데 앞면이 2개, 뒷면이 1개가 되는 경우는 어떨까? 앞면과 뒷면이 균등하게 나오는 동전이라도 37.5%라는 꽤 높은 확률을 가진다. 앞면과 뒷면이 평균적으로 1.5개씩 나오게 되므로 그렇게 생각하면 엉터리로 아무렇게나 결정해도 2대 1 정도의 다수결이 된다고 할 수 있다.

이처럼 엉터리일지도 모르는데 과연 다수결로 결정하는 것이 공정하다고 말할 수 있을까?

확률적 사고에 근거해 심판의 수를 정한다면 심판의 판단이 확률적으로 평균치에서 벗어나 분산되는 것을 염두에 둔 상태에서, 차이가 난다면 어느 정도인지 그리고 얼마나 틀릴 수 있는지를 고려할 필요가 있다.

예를 들어 심판진에서 저마다 올바른 판단을 할지 잘못된 판단을 할지가 확률적으로 6대 4 정도라고 했을 때 5명의 심판진이 잘못을 저지를 확률은 어느 정도 될까?

이것도 대답만 말하자면 전원이 40%의 확률로 잘못하는 경우가 대략 1%, 4명이 잘못하는 확률이 7.7%, 3명이 잘못하는 확률이 23%, 이것을 합계하면 31.7%의 확률로 다수결은 잘못을 저지르게 된다.

전원이 같은 생각 아래서 같은 확률로 진위를 판단할 수 있다면 다수결은 인원수가 많으면 많을수록 잘못이 없는 방식이다. 하지만 문제가 미묘할수록, 인원수가 적을수록 다수결에서는 개개인의 변덕에 의해 잘못된 결론이 도출되는 경우가 왕왕 생긴다.

일본에서 자주 보게 되는 회의의 광경인데, 참석자들은 저마다 다양한 평행선의 의견을 주장하다가도 마감시간이 임박해지면 누가 먼저랄 것도 없이 결국에는 다수결로 회의를 끝내는 경우가 많다. 생각이 같고 충분히 올바른 판단을 할 수 있는

사람들이 모였더라도, 미묘한 문제마저 다수결로 처리하면 잘
못을 저지를 가능성이 높아진다. 가급적 의사결정을 서두르지
말고 논의에 필요한 판단 자료를 조사하는 데 많은 시간을 들
일 필요가 있다.

3. 확률적 사고로
입씨름에서도 이길 수 있을까

확률적 사고를 활용하면 입씨름 문제도 결론을 끌어낼 수 있다.

아무런 근거나 이론의 뒷받침도 없이 막무가내로 내 말에 반대하고 나서는 사람이 있다면 어떻게 대처해야 할까? 물론 나 또한 정확한 숫자를 댈 수는 없지만 상식으로 여겨지는 말에까지 반박을 하며 입씨름을 벌이려드는 상대에게 화부터 내는 것은 좋은 방법이 아니다. 또 대립하는 두 의견이 있는데 객관적으로는 어떻게 판단해야 할지 전혀 앞이 보이지 않을 경우, 우리는 입씨름을 벌이게 된다. 어차피 아무리 오래 끌더라도 정답이 나오지는 않으므로 일일이 대꾸하고 있는 것도 시간을 낭비하는 일이지만 여기서도 확률적 사고를 제대로 활용하면 일정한 결론을 끌어낼 수 있다.

예를 들어 이 책의 머리말에서 '까마귀는 검다'는 말을 증명할 수는 없다고 했다. 하지만 상식적으로 여겨지는 사실이어서 자신이 '까마귀는 검다'라고 말을 하고 있는데 '아니, 흰 까마귀도 있어'라고 주장하며 입씨름을 벌이려드는 사람이 있을 경우 어떻게 대처해야 할까.

까마귀는 까맣다고 해서 이름이 까마귀이고 자신이 본 까마귀는 전부 검정색이었다고 대꾸하자 상대방이 자신은 흰 까마귀를 본 적이 있다고 하지만 서로 아무런 근거를 제시하지 못한 채 시간만 허비한다면 그야말로 입씨름을 하는 격이나 마찬가지이다. 그렇다고 철학적인 자세로 그저 점잖게 '까마귀가 검은지 어떤지 모르겠다'며 한발 물러서는 것 역시 올바른 처신은 아니다.

여기서 중요한 것은 '논의의 정의'와 '쓰코미'이다.

가장 먼저, 무엇 때문에 까마귀는 검다는 주장을 하고 있는 걸까? 이 세상의 까마귀는 '전부' 검다는 말을 하려는 것은 아닐 테고, 우리가 흔히 보는 범위의 까마귀에 대해 일반적인 경향으로 검다라고 주장하는 것만으로도 충분할 것이다.

다음으로, 그 주장을 확실히 뒷받침하기 위해서는 무슨 말을 해야만 하는지 생각한다. 유전자 이상이든 페인트를 뒤집어썼기 때문이든 우리 주변에는 예외적으로 한두 마리의 흰 까마귀가 있어도 문제는 되지 않는다는 점을 우선 인식시킨다. 그리고 흰 까마귀가 어느 정도 있어야 '예외'라고 잘라 말할 수 없는가 하는 부분을 정의하자.

만약 10%나 된다면 흰 까마귀라는 종(種)이 존재하는 셈이 돼버리지만, 반대로 그 이하라면 예외라고 할 수 있다.

이 '어느 정도 있어야 문제가 될까'라는 점에 대해서는, 입씨름을 벌이고 있는 상대방과 충분히 협의하여 처음부터 서로 동의할 수 있는 선을 결정할 필요가 있다.

자신의 주장이 뒤집어져 상대방의 말이 올바르다고 할 수 있는 수를 정의한 다음 이제 실제로 조사를 해보자. 저녁 무렵 아파트 옥상에 올라가 날아다니는 까마귀의 수를 세고 아울러 색깔도 확인한다. 둥지로 돌아가는 20~30마리의 까마귀를 쉽게 볼 수 있을 것이며, 그들 모두는 분명 검은 까마귀일 것이다.

상대방의 주장대로 10% 정도는 당연히 있어야 할 흰 까마귀가 우연히 30마리 중 단 한 마리도 포함되지 않을 확률은 어느 정도 되는지 계산해본다. 대답은 0.9의 30제곱으로 고작 4%

정도에 불과하다. 그런데도 만약 상대방이 4% 정도의 기적은 일어날 수 있다고 주장한다면 관찰하는 개체수를 더 늘려라. 또 '그냥 이 근처에만 없을 뿐이다'라고 한다면 도대체 어디로 가면 흰 까마귀가 있는지 물어본 다음 자신이 사는 지역 전체로 관찰 장소를 확대해도 상관없다. 하지만 상대방의 주장에 근거하여 현실을 조사했을 때 기적이라 할 수밖에 없는 확률로 상황이 전개된다면 사기 가능성이 있는 것은 아닌지 의심하는 게 당연하다.

나는 '입씨름'을 확률적으로 종식시키는 방법을 학생들에게 소개할 때 '쓰코미'를 예로 든다.

쓰코미는 만담(재치 있는 말솜씨로 세상을 풍자하는 이야기를 해 청중을 웃기는 것, 주로 2명이 짝을 이루는데 이때 한쪽은 바보 역할을, 다른 한쪽은 똑똑한 척하는 역할을 하는 경우가 많다_옮긴이) 용어로 만담 상대인 보케(만담에서 엉뚱한 말을 해서 웃기는 역_옮긴이)의 말을 받아 그 어처구니없음을 조목조목 따지면서 반박하거나 때로는 보케의 비위를 맞추는 듯하며 제 할 말을 해 웃기는 사람 또는 그런 행위를 말한다.

이 까마귀 논쟁의 흑백을 가릴 때 쓰코미를 적용시키면 다음과 같이 된다.

흰 까마귀가 있다는 보케의 말에 이의를 제기한다.

그 보케의 말이 현실적으로 얼마나 어처구니없는지 확률을 들어 반박한다.

우이씨! 그래서 뭐(웃음), 하고 쓰코미를 넣는다.

까마귀의 흑백 논쟁은 과학이나 철학의 세계에서는 자주 등장하는 이야기인데 다소 추상적이어서 이해하기 어려웠을지도 모른다. 그래서 다음에서는 좀 더 친숙한 소재를 가지고 살펴보겠다.

4. '점술'도 과학으로 설명할 수 있을까

점쟁이가 점괘를 맞히는 것을 확률적으로 계산해보면 진위를
판단하는 것이 어렵지 않다.

세상에는 '과학으로는 설명할 수 없는 일이 있다'라고 주장
하는 사람들이 참 많다. 물론 현시점에서 과학은 인간의 마음
이나 지성, 생명의 신비 그리고 우주의 수수께끼를 완벽하게
해명하지는 못한다. 그래서 우리 과학자들은 날마다 연구에 정
진하고 있다. 이런 점에서 위의 주장 자체를 당치 않다며 전면
부정할 수는 없지만 그렇다고 과학의 힘을 빌리지 않고 어떤
현상을 규명할 수 있는가 하면 그렇지도 않다.

앞에서도 이미 언급했지만 과학이란 '가장 겸허하게 객관적

으로 논의하는 방법'이다.

　이런 점을 망각하고 과학이 완벽한 것처럼 착각해서는 안 되지만, 그렇다고 겸허하게 객관적인 논의조차 못하는 사람이 자신의 주장이 완벽하다는 듯이 행동하는 것은 더 큰 문제이다.

　그러나 병원에서 결코 권장한 적도 없는 건강식품을 파는 사람, 이상한 곳에 사람들을 모아놓고 수상쩍은 약을 파는 사람, 그리고 독특한 복장을 하고 점을 치는 사람들 모두가 한목소리로 '과학으로는 설명할 수 없는 일이 있다'고 힘주어 말한다. 이것이 과연 올바른 말일까?

　그렇다면 점이 정말로 맞는지 어떤지 과학적으로 분석할 수는 없을까? 통계학은 점이 아닌 의학 분야에서 널리 활용되는 학문이다. 현대 통계학의 아버지라 불리는 로널드 A. 피셔(Ronald A. Fisher, 1890~1962)는 영국의 한 여성이 주장한 다음과 같은 이야기를 과학적으로 분석한 적이 있다.

　나는 밀크티를 한 입만 마셔도, 그것이 홍차를 먼저 넣은 밀크티인지 우유를 먼저 넣은 밀크티인지 알아맞힐 수 있어요.

　자신의 말이 사실이라고 주장하는 부인과 거짓말이라고 생각하는 사람들 사이에서 피셔는 '그렇다면 한번 시험해보자'고 제안을 했다. 그는 부인이 볼 수 없는 곳에서 각기 다른 방법으로 탄 밀크티를 임의로 마시게 하고 어느 정도의 확률로 정답을 맞히는지 계산했다. (참고로 이 부인의 말은 사실로 입증되었다. 아마도 온도의 차이로 인한 맛의 다름을 알아챈 것 같다.)

이런 방법도 지금은 충분히 과학적 실험 방식으로 받아들여지고 있다. 과학이란 흰 옷을 걸치고 시험관이나 현미경을 들여다보는 것만이 다가 아니다.

마찬가지로 점쟁이를 과학적으로 분석하려면 어떻게 해야 할까?

어떤 점쟁이가 사람을 한 번 보면 곧바로 운명을 알 수 있다고 주장한다고 치자. 그 점쟁이에게 임의로 데려온 사람을 한 번씩 보이고 향후 1년의 운명을 적게 한 다음 그 종이를 1년 후에 개봉한다면 밀크티와 같은 방법으로 알아맞히는지 어떤지를 판단할 수 있다. 그 확률을 계산하면 점쟁이가 정말로 사람의 운명을 꿰뚫어보는지 판단하는 것이 결코 어려운 일은 아니다.

그런 방법을 통해 증명이 된다면 그들도 사회적으로 당당히 인정을 받게 되겠지만 내가 아는 한 자신의 신통력을 증명해보인 점쟁이는 지금까지 단 한 사람도 존재하지 않았다. 몇 년 전만 해도 매주 점쟁이를 게스트로 초대하여 미래를 점치는 예능 프로그램이 TV에 자주 방송되었다. 따라서 그 결과를 분석하면 과연 신뢰할 만한 수준으로 알아맞혔는지 파악할 수 있을지도 모른다. 그러나 오컬트(Occult, 물질과학으로는 설명할 수 없는 초자연적인 요술이나 주술 · 심령 · 점성 · 예언 등 비합리적이고 신비스러움을 찾는 행위 또는 그런 사람_옮긴이)를 긍정하든 부정하든 그 어느 쪽 입장에 서 있는 사람으로부터도 이런 부분에 관한 연구 해석 결과가 나오지 않는 것은 참으로 유감스러운 일이다.

개인적인 생각으로는 영혼이나 UFO 따위의 오컬트적 발상을 '과학적으로 결코 있을 수 없는 일이다'라고 잘라 말하고 싶지는 않다. 아니, 만약 정말로 그런 일이 있을 수 있다면 전력을 다해 존재를 증명하기 위해 어떻게 해야 할지 과학적 입장에서 도움을 주고 싶은 마음마저 갖고 있다. 그러므로 '과학으로는 설명할 수 없다'며 무조건 도망부터 치려는 현실이 참으로 유감스러울 따름이다.

고대에는 다음날의 날씨를 알아맞히는 사람이 뛰어난 점쟁이였다. 하지만 오늘날 기상캐스터가 날씨와 관련된 각종 데이터를 통계학적으로 처리하여 상당히 정확도가 높은 확률로 일기예보를 하는 것처럼, 오컬트가 아닌 확률적인 정보 처리를 통해 어느 정도 미래를 예측할 수는 있다.

나 역시 젊은 시절부터 인간이란 어떤 존재인지를 학문적 관심의 대상으로 삼고 통계학 외에 심리학이나 커뮤니케이션학 등에 심취하여 다양한 사람들을 관찰해왔다. 그래서인지 주의를 기울여 어느 정도 대화를 나누다 보면 그 사람이 지금 무엇을 생각하는지, 혹은 어떠한 인물이며 앞으로는 어떤 인생을 보낼지 자신도 모르게 상상이 된다. 그러므로 점쟁이가 나보다 더 다양한 사람들을 접해 이해의 깊이를 쌓았다면 특별히 신통력 같은 게 없더라도 '운명을 읽는다'는 것이 불가능한 일만은 아니라고 생각한다. 그것만으로도 충분히 가치가 있으며 유능한 점쟁이는 마치 카운슬러처럼 마음을 정리하는 데 도움을 줄지도 모른다.

과학으로 설명할 수 있을지 어떨지를 따지기보다는 진실이 어떻든 간에 '점쟁이'라는 사람과의 만남을 자신의 인생에 어떻게 활용할지 고민하는 것이 더 중요한 일이 아닐까.

〉〉 한 잔의 완벽한 밀크티를 타는 법

1920년대 말 영국, 햇살이 매우 강한 어느 여름 오후에 여러 명의 영국 신사와 부인들이 정원 테이블에서 홍차를 마시고 있었다. 그때 한 부인이 밀크티를 마시면서 자신은 '홍차를 먼저 따른 밀크티인지, 우유를 먼저 넣은 밀크티인지'를 맛으로 구별할 수 있다고 말했다.

그곳에 있던 대다수 신사들은 이 부인의 말에 웃고 넘어갔다. 그들이 배운 과학적 지식에 근거할 때 홍차와 우유가 한 번 뒤섞이면 화학적 성질의 차이 따위는 없었기 때문이다.

하지만 작은 체구에 두꺼운 안경을 걸치고 수염을 길게 기른 한 남자만이 부인의 말을 재미있게 여기고 '그렇다면 한 번 시험해보고 싶습니다' 하며 제안을 했다. 이 남자가 바로 현대 통계학의 아버지 로널드 A. 피셔이다.

결과적으로 이 부인은 홍차를 먼저 따랐는지 우유를 먼저 넣었는지 모두 정확하게 맞혔다고 한다. 부인이 어떻게 밀크티를 식별할 수 있었는지는 2003년 영국왕립화학협회가 발표한 '한 잔의 완벽한 밀크티 타는 법'이라는 기지 넘치는 보도자료 안에 그 답이 있다.

홍차를 넣기 전에 우유를 먼저 따라놔야 한다. 우유 단백질은 섭씨 75
도가 되면 변성되기 때문이다. 만약 우유를 뜨거운 홍차에 따르면 각각
의 우유 알갱이는 우유 결정으로부터 벗어나 확실한 변성이 생기기까지
홍차의 고온에 둘러싸인다. 그러나 뜨거운 홍차를 차가운 우유에 따르
면 이 같은 일이 일어나지 않는다.

제6장
의사결정을 위한 확률적 사고

가시화는 그 자체가 목적이 아니고 어디까지나 하나의 수단에 불과하다. 자신의 목표 지점을 명확하게 할 때 비로소 가시화와 확률적 사고가 유효성을 갖게 된다.

1. 가능성을 '가시화'해야 한다

막연한 느낌만으로 고르면 실패하게 마련이다.

지금까지 '무엇이 직감을 왜곡시키는가', '짐작조차 하기 어려운 것을 추정하려면 어떻게 해야 하는가', '흑백을 가리기 어려운 상황에서는 무엇을 근거로 의사결정을 해야 하는가' 등에 대해 알아봤다. 여기서는 이 모든 것들을 종합하여 보이지도 않고 알 수도 없는 내용을 어떻게 '가시화'하면 되는지 살펴보고자 한다.

'가시화'((見える化: 우리말로 직역하자면 '보이도록 함'이란 뜻. 여기서는 어떤 현상을 도표, 수치, 스케치 등을 통해 눈에 보이도록 드러나게 함이

라는 뜻의 '가시화'로 대체함_옮긴이)란 최근 비즈니스 현장이나 관리 영역에서 하루가 멀다 하게 자주 오르내리는 말이다. 왜 '가시화'를 해야만 할까. 막연한 상황을 애매한 상태로만 이해하면 올바르게 판단하기가 어렵고 또 그런 상황을 누군가와 공유하게 될 때 오해가 빚어지기 쉽기 때문이다.

예를 들어 이 상품이 펀드시장에서 대세라느니 부동산 투자의 마지막 금싸라기 땅이라느니 하며 세상에는 언제나 '지금 이 기회를 놓치면 평생 후회한다'며 투자를 부추기는 말들이 여기저기 떠돈다. 그러면 귀가 얇은 사람들은 그 투자에 어느 정도의 위험부담이 있고 어느 정도의 자금이 필요하며 어느 정도의 수익률이 예상되는지에 관해 아무런 분석도 하지 않고 '그저 막연한 느낌'만 가지고 자신의 계좌에 있던 돈을 몽땅 투자한 다음 나중에 크게 손해를 보고 후회하며 땅을 치는 일이 비일비재로 발생한다. 또한 대중매체를 이용하여 '정말로 큰돈을 벌 것 같다'고 말하는 사람들을 보더라도 '그저 막연한 느낌' 이외에는 아무것도 모르겠는 경우가 많다.

이처럼 당장 돈을 투자해야 하거나 회사에서 어떤 분야의 사업을 더 진척시키기로 하는 등의 경영적 판단을 할 때, 또는 경력과 관련되어 어느 쪽으로 나아가야 좋을지, 어떤 곳에 시간을 투자해 더 공부해야 나에게 맞는 자아실현을 할 수 있는 지는 실제로 해보기 전에는 막연하게만 느껴지고 늘 불확실성 이 존재하기 마련이다.

그럴 때 유용한 수단이 바로 확률적 사고이며 이에 기초를 두고 가시화를 통해 올바른 결정을 해나가는 과정이 이 책에서 강조하는 의사결정 방법이다.

한 가지 주의해야 할 것은 '가시화'는 그 자체가 목적이 아 니고 어디까지나 하나의 수단에 불과하다는 점이다. 앞에서 도 언급했지만 자신이 어떻게 하고 싶고 그것을 위해 무엇을 모르면 안 되는지 하는 점을 명확하게 할 때 비로소 '가시화' 가 유효성을 갖게 된다. 역으로 말하자면 보고 싶은 것이 무 엇인지도 모르는 상태에서는 가시화를 해봤자 아무런 의미도 없다.

그저 막연한 느낌으로 최근 비즈니스 세계에서 널리 쓰이고 있으니까, 왠지 모르게 효과가 있을 것 같으니까 식이라면 결 국 아무것도 보이지 않는 '가시화'에 쓸데없이 시간만 낭비하 게 된다.

이런 결과가 되지 않도록 반드시 가장 먼저 자신이 무엇을 지향하는지 목적지를 명확히 설정하고, 한시라도 그것을 잊어서는 안 된다.

이제 '가시화'와 그 활용이 매우 중요하다는 점을 충분히 이해했으리라 본다. 다음에서는 구체적인 실례를 들어 어떻게 '가시화'를 해야 하는지 살펴보겠다.

2. 가시화를 위한 세 가지 방법

가능성은 수형도로, 조합은 도표로,
중복은 벤다이어그램으로 가시화하자.

앞 장에서는 동전 하나만을 사용한 동전던지기 게임을 생각 했는데, 이것이 만약 동전 2개를 사용하여 '몇 개가 앞면이 될 지 맞히는 게임'이라면 어떤 결과가 나타날까?

2개의 동전을 사용하니까 앞면이 나오는 경우는 0~2개가 된다. 동전은 편의가 없는 것으로 보는데 하나의 동전은 앞면 이 될지 뒷면이 될지가 각각 2분의 1의 확률이다(동전이 2개이면 앞면이 나오는 경우가 0개, 1개, 2개이므로 확률은 3분의 1이라고 말할 사람은 설마 없을 것이다).

이 정도로 상황을 정리했으니 굳이 '가시화'할 필요도 없이 다 이해했다는 사람이 있을지도 모르겠지만, 이를 통해 상황을 정리하는 방법을 구체적으로 살펴보겠다.

우선 2개의 동전을 동시에 던지거나 하나씩 던져도 앞면이 나오는 확률은 당연히 달라지지 않기 때문에, 먼저 던지는 쪽의 앞면과 뒷면을 경우의 수로 놓고 각각 두 번째 동전이 어떻게 될지 생각해보겠다(물론 1개의 동전이 앞면이 될지 뒷면이 될지는 각각 50%의 확률이다).

이런 경우 첫 번째가 앞면이고 두 번째도 앞면, 첫 번째가 앞면이고 두 번째는 뒷면, 첫 번째가 뒷면이고 두 번째는 앞면, 첫 번째가 뒷면이고 두 번째도 뒷면이라는 네 가지 상황을 생각할 수 있는데 이것은 다음과 같은 '수형도(트리 구조)'로 나타낼 수 있다.

뻗어나가면서 앞면과 뒷면으로 가지가 나눠지는 상황과 한 단계 전 상태에서 다음 가지로 나뉠 때의 확률을 각각 적어넣고 마지막 가지가 나눠질 때는 '알고 싶은 정보'와 거기에 이르는 확률을 기입한다. 최종 지점에 이르는 확률은 가지로 나뉠 때 적어넣은 확률을 모두 곱하면 간단하게 구해진다.

이번 동전던지기에서 마지막 가지에 이르는 확률은 2분의 1

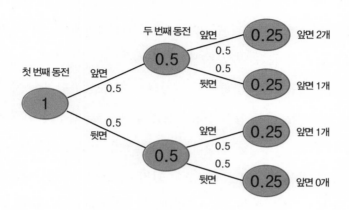

× 2분의 1로 4분의 1임을 알 수 있다.

'알고 싶은 정보'는 이번 동전던지기에서 몇 개가 앞면이 되는가 하는 부분이므로 앞면이 된 동전의 개수를 기입했다. 그리고 최종 지점의 가지 4개의 세부사항과 각각의 확률로부터 2개가 모두 앞면일 확률이 4분의 1, 1개가 앞면일 확률은 2분의 1, 0개가 앞면일 확률은 4분의 1임을 알 수 있다. 결과적으로 보면 앞면과 뒷면이 1개씩 나오는 확률만이 다른 경우의 두 배가 된다.

수형도에 의한 정리는 단순하지만, 고도의 의사결정이나 컴퓨터에 의한 정보 정리 등을 할 때도 자주 이용되는 매우 효율적인 방법이다. 다만 조건의 수가 늘어날수록 가지도 많아지므로 엄청나게 복잡해질 수 있다. 그럴 경우에 대비하여 좀 더 지능적으로 정리하는 방법을 생각해보자.

수형도는 어떤 상황이라도 정리가 가능한 유연함을 가지고 있기 때문에 효율적이라고 했는데 예를 들어 우선 미국으로 갈지 중국으로 갈지 정하는 양자택일을 하고 그런 다음 미국으로 갔을 경우에는 뉴욕으로 갈지 샌프란시스코로 갈지를 선택하고, 중국으로 갔을 경우에는 상하이로 갈지 베이징으로 갈지를 선택하는 식으로 더 확장된 상황도 간단하게 정리할 수 있다.

이것을 방금 전의 동전던지기에 빗대어 말하자면 '우선 동전을 던져 앞면이 나오면 주사위를 던지고, 뒷면이 나오면 다시 한 번 동전을 던지고……' 같은 복잡한 상황의 조합에 대해서도 완전히 같은 방식으로 생각할 수 있다는 것을 의미한다.

이런 경우 더 깔끔하게 정리하는 방법이 '도표'이다.

예를 들어 앞의 수형도는 옆의 도표처럼 그릴 수가 있는데 이것을 보더라도 확률과 알고 싶은 결과를 쉽게 파악할 수 있

		첫 번째 동전	
		앞면	뒷면
		0.5	0.5
두 번째 동전	앞면	2개	1개
	0.5	0.25	0.25
	뒷면	1개	0개
	0.5	0.25	0.25

| 도표를 짠다 |

다. 아울러 가로와 세로에 적힌 숫자를 곱하면 각각의 확률이 구해진다.

이런 식으로 대다수 상황은 간단하게 정리할 수 있는데 이따금 '중복'에 주의해야 한다. 예를 들어 동전의 경우에는 '앞면인지 뒷면인지 정하기 힘든 상황'이 생길 수 없겠지만, 가령 다음과 같은 상황을 생각해야만 한다면 어떨까?

주사위를 하나 던져 2의 배수가 나오면 2칸 진행하고 3의 배수가 나오면 3칸 진행하고, 그 이외의 경우에는 진행하지 않는다는 특수한 쌍륙(雙六, 2개의 주사위를 던져 나온 수에 따라 말을 옮겨가며 승부를 겨루는 놀이_옮긴이)을 한다고 가정하고, 두 번 주사위를 던졌을 때는 평균적으로 몇 칸 진행할 수 있을까?

여기서 잊어서는 안 될 것은 6이라는 숫자는 2의 배수이면서 3의 배수이기도 하다는 점이다. 그러므로 위에서 단순히 '2의 배수, 3의 배수, 그 이외의 경우'라는 세 가지 조건에만 집착하면 최종적으로 계산할 때 실수를 저지를 수 있다.

이런 경우 효율적인 것이 바로 '벤다이어그램'이다.

벤다이어그램은 영국의 논리학자이자 수학자인 존 벤(John Venn, 1834~1923)에 의해 창안되었다. 그 내용은 자세히 모르는 사람이라도 그림을 보면 대부분 기억할 수 있으리라 본다.

벤다이어그램을 이용하여 위에서 예시한 특수한 쌍륙의 상황을 정리하면 옆 페이지의 그림과 같이 된다. 각각의 영역에 해당하는 값을 적고 확률도 써보자.

뒤에는 이처럼 중복을 정리한 상태에서 쌍륙의 결과를 모아 놓은 도표가 실려 있다.

| 벤다이어그램을 그린다 |

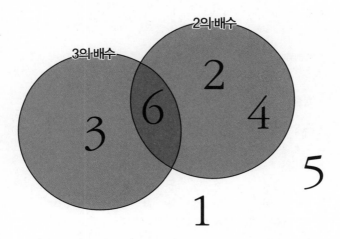

| 도표로 정리한 쌍륙의 결과 |

		첫 번째 주사위			
나온 숫자		⚀ ⚄	⚁ ⚃	⚂	⚅
진행할 칸		0칸	2칸	3칸	5칸
확률		$\frac{2}{6}$	$\frac{2}{6}$	$\frac{1}{6}$	$\frac{1}{6}$
두 번째 주사위	⚀ ⚄ 0칸 $\frac{2}{6}$	0칸 $\frac{2}{6}\times\frac{2}{6}=\frac{1}{9}$	2칸 $\frac{2}{6}\times\frac{2}{6}=\frac{1}{9}$	3칸 $\frac{2}{6}\times\frac{1}{6}=\frac{1}{18}$	5칸 $\frac{2}{6}\times\frac{1}{6}=\frac{1}{18}$
	⚁ ⚃ 2칸 $\frac{2}{6}$	2칸 $\frac{2}{6}\times\frac{2}{6}=\frac{1}{9}$	4칸 $\frac{2}{6}\times\frac{2}{6}=\frac{1}{9}$	5칸 $\frac{2}{6}\times\frac{1}{6}=\frac{1}{18}$	7칸 $\frac{2}{6}\times\frac{1}{6}=\frac{1}{18}$
	⚂ 3칸 $\frac{1}{6}$	3칸 $\frac{1}{6}\times\frac{2}{6}=\frac{1}{18}$	5칸 $\frac{1}{6}\times\frac{2}{6}=\frac{1}{18}$	6칸 $\frac{1}{6}\times\frac{1}{6}=\frac{1}{36}$	8칸 $\frac{1}{6}\times\frac{1}{6}=\frac{1}{36}$
	⚅ 5칸 $\frac{1}{6}$	5칸 $\frac{1}{6}\times\frac{2}{6}=\frac{1}{18}$	7칸 $\frac{1}{6}\times\frac{2}{6}=\frac{1}{18}$	8칸 $\frac{1}{6}\times\frac{1}{6}=\frac{1}{36}$	10칸 $\frac{1}{6}\times\frac{1}{6}=\frac{1}{36}$

3. 현실적인 문제에 적용할 때 중요한 것

자신의 목적에 영향을 미치지 않는 부분에까지
세세하게 신경 쓰지 않아도 된다.

한편 현실적인 문제는 앞의 예처럼 간단하게 확률을 구하기 힘들지도 모른다. 여기서는 그럴 경우 주의해야 할 점에 대해 설명한다.

우선 하나하나의 상황이 일어날 수 있는 확률은 제4장에서 설명한 '모르면 모르는 대로 추정하라'는 방법을 사용하여 가급적 정확하고 폭 넓은 형태로 확률을 처리하는 것이 중요하다. 예를 들어 시카고에서 '열심히 피아노를 연주하는 아이가 사는 집의, 이웃에 사는 나이가 고등학생 이상인 사람 또한 열심히 피아노를 연주할 확률'은 얼마가 될까?, 하는 문제가 있다고 치자.

이것을 방금 전 제4장에서 설정한 것과 같은 가정이나 모델 그리고 조사한 수치로 생각한다면 다음과 같다.

18세 미만의 미성년자 26.2%

18세 이상 24세 이하 11.2%

25세 이상 44세 이하 33.4%

45세 이상 64세 이하 18.9%

65세 이상이 10.3%

18세 미만 중에서 초등 · 중학생이 차지하는 비율

⇨ 47.5~ 60.0%(18분의 9의 5% 감소~20% 증가)

18세 미만 중에서 고등학생이 차지하는 비율

⇨ 10.5~13.3%(18분의 2의 5% 감소~20% 증가)

초등 · 중학생 중에서 피아노를 열심히 연주하는 사람의 비율

⇨ 2~5%(40명 중 1~2명)

고등학생 이상으로 피아노를 열심히 연주하는 사람의 비율

⇨ 0.5~2%(200명에 1명~50명에 1명)

초등 · 중학생 중에서 피아노를 열심히 연습하는 사람의 비율

= 26.2% × 18세 미만 중에서 초등 · 중학생이 차지하는 비율

× 초등 · 중학생 중에서 피아노를 열심히 연주하는 사람의 비율

고등학생 이상 중에서 피아노를 열심히 연습하는 사람의 비율

= ((26.2% × 18세 미만 중에서 고등학생이 차지하는 비율) +

11.2% + 33.4% + 18.9%)

× 고등학생 이상으로 피아노를 열심히 연주하는 사람의 비율

위와 같은 설정에서, 전자 즉 초등 · 중학생 중에서 피아노를 열심히 연습하는 사람의 비율은 다음과 같다.

최소값 (0.262 × 0.475 × 0.02) = 0.24%

최대값 (0.262 × 0.6 × 0.05) = 0.79%

또 고등학생 이상 중에서 피아노를 열심히 연습하는 사람의 비율은 다음과 같다.

최소값 (0.262 × 0.105 + 0.635) × 0.005 = 0.33%

최대값 $(0.262 \times 0.133 + 0.635) \times 0.02 = 1.34\%$

이것을 이용하여 수형도를 그려보면 옆 페이지와 같이 되는데 이것이 과연 올바르다고 할 수 있을까?

여기서 꼭 생각해야 할 점은 현실은 동전던지기와 달라서 하나하나의 요소가 독립적이라고는 할 수 없다는 점이다. 예를 들어 이웃집에 사는 음악을 좋아하는 어른의 영향으로 우리 집 아이가 피아노를 배우고 싶어 한다, 같은 일은 없을까? 혹은 음악을 좋아하는 사람이 모이는 지역이 시카고 시내에 존재할 수도 있을 거라는 생각이 들지는 않는가?

그렇다면 '어떤 집과 이웃집이 피아노를 치기 쉬운지는 서로 전혀 영향을 주지 않는다'는 가정 아래서 계산한 도표의 결과는 현실과는 조금 동떨어진 것이 되고 만다.

혹은 이 도표에서는 '피아노를 치는 아이의 집'과 '피아노를 치는 어른의 집'이 중복되지 않는 것으로 취급하고 있지만, 최소한 '부모와 아이가 모두 피아노를 치는 집'도 있지는 않을까, 하는 생각을 할 수도 있다.

그럴 경우 좀 더 정확한 판단을 하기 위해서는 우선 벤다이어그램을 그려서 중복을 검토해볼 필요가 있다.

| 이웃에 피아노를 열심히 연주하는 성인이 있을 확률 |

Q1 열심히 피아노를 치는 아이가 있는가
Q2 오른쪽 이웃집에 피아노를 열심히 치는 어른이 있는가
Q3 왼쪽 이웃집에 피아노를 열심히 치는 어른이 있는가

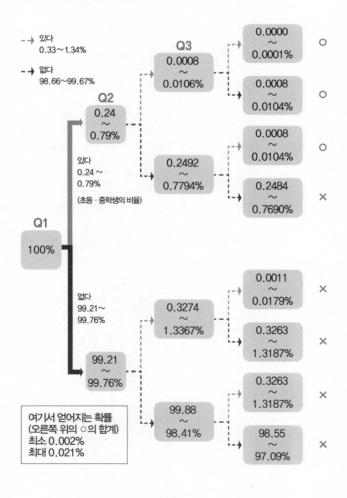

제6장 의사결정을 위한 확률적 사고

그렇지만 꼭 정확하게 생각할 필요가 있는 것은 아니다. 몇 번이나 강조했듯이 가시화는 어디까지나 단순한 수단일 뿐으로 자신이 원하는 것을 알 수만 있으면 그만이다. 그러므로 '중복은 생각하지 않기로 한다'라는 가정이 전제되어 있고 그 가정이 자신이 알고자 하는 결과에 어떤 영향을 주는가 하는 부분만 미리 감안하고 있으면 '엄밀하게, 정확하게'라는 조건에 그다지 얽매일 필요는 없다.

그러니까 처음에 이 방식을 소개했을 때는 가급적 정확히 하는 방법, 거기서 실수를 없애기 위해서는 최대와 최소를 추정해야 한다고 말했는데, 어차피 자신의 목적에 맞춰 그렇게 많은 영향을 미치지 않는 요인에 대해서는 굳이 세세한 부분에 얽매이지 말고 무엇이 필요하고 필요하지 않은지 생각하는 것이 더 중요하다.

4. '감'은 마지막까지 비축해두자

늘 현실을 제대로 인식하려고 노력한다면
날카로운 직감이 발휘된다.

이제 여기까지 왔으면 현실이나 미래를 단지 뜬구름 잡는 식으로 그리지 않고 확실한 형태로 파악할 수 있으리라고 본다. 그렇다고 나는 직감이 전혀 불필요하다고 생각하지는 않는다. 예를 들어 모델이나 가정을 통해 얻어진 결과가 '왠지 모르게 자신의 감과 맞지 않는다'는 경우가 생길 수 있는데 그럴 때마다 늘 감이 틀리는군, 하고 한발 물러서서 계산된 결과만 믿어야 하는 걸까?

그 대답은 '아니다'이다. 모델도 가정도 꼭 맞기만 하는 것은 아니다. 그러니까 직감적으로 뭔가 이상한 느낌이 드는 사람은 어떤 것이 잘못되었을 수도 있다는 가능성을 알아차릴 귀중한 기회를 얻게 되는 셈이다. 계산을 잘못하지는 않았는지, 모델이나 가정에 이상한 부분은 없었는지, 자신도 모르는 사이에 쓸데없는 가정을 하지는 않았는지, 차근차근 하나씩 확인해 보자.

그런데도 결과에 변함이 없다면 자신이 뭔가 직감을 왜곡시키는 상황에 노출돼 있지는 않았는지 생각해보자. 자신의 이해관계나 선입견 혹은 마음속에 내재된 콤플렉스 등에 대해 하나하나 짚어나가다 보면, 어쩌면 본인 스스로도 올바르다고 생각하는 것을 그다지 믿고 싶지 않기 때문에 거부하는 것일지도 모른다.

사실 진실은 그러한 '분석'과 '직감' 사이에 있는 것은 아닐까.

참고로 나는 대학시절 의학 분야에서 활용하는 통계학을 전문적으로 공부했는데, 같은 연구실의 선생님들은 '분석' 면에서 일본 최고 수준을 자랑하는 만큼 직감 부분에서도 능력이 남달랐다. 내가 적당히 처리한 분석 결과를 가지고 가면 기법을 자세히 확인하지도 않고 '이것 잘못되었는데'라고 면박을 주기

일쑤였는데, 이런 상태야말로 우리가 지향하는 최종 목적지일지도 모른다. 즉 현실을 정리하고 어느 한쪽으로 치우침 없이 잘 이해한다면 특별히 노력하지 않아도 날카롭고 정확한 직감이 작용하여 우리는 항상 진실을 바라볼 수 있게 된다.

이제 다음 장에서는 이런 방식을 현실의 불확실한 문제에 어떻게 적용해야 하는지, 실제로 몸에 익히는 방법을 살펴보겠다.

제7장

게임과 도박에서 지지 않는 방법

세상에 존재하는 어떤 도박을 하든, 결국에는
손해를 보게 마련이다.

1. 평균적으로 지지 않는 전략

가위바위보 게임에서 이길 수는 없어도 확률적으로
'지지 않는 방법'은 있다.

　지금까지 무엇이 우리의 직감을 왜곡시키는지 살펴보았고,
모르면 모르는 대로 목표를 설정한 다음 흑백을 가리는 등의
행동을 통해 가시화하는 방법을 배웠다. 그러나 설명이 일부
추상적이어서 제대로 이해가 안 된 부분도 있었으리라고 생각
한다.

　내가 여러분에게 전달하고 싶은 확률적 사고란, '단순한 지
식'이 아니라 '현실적으로 활용 가능한 실천방안'이므로 이제
부터는 좀 더 실제적인 문제를 다루고자 한다.

'그리코(주로 야외 계단에서 가위바위보를 하며 행해지는 놀이의 하나. 일본의 어린이 놀이로 널리 알려져 있음_옮긴이)'라는 놀이를 아는가?

지역에 따라서는 전혀 하지 않는 곳도 있고 규칙이 다소 다를지 모르겠지만, 여기서는 다음과 같은 규칙을 정해놓겠다. 물론 지금 소개하는 것과 완전히 같은 방식으로 단지 숫자만 바꿔놓는다면 전혀 문제없이 대응할 수 있다.

- 가위바위보를 하여 이긴 사람이 낸 손에 맞춰 정해진 대로 계단을 오른다
- 바위로 이긴 경우에는 '그리코'라 말하면서 세 걸음 전진
- 가위로 이긴 경우에는 '초콜릿'이라 말하면서 여섯 걸음 전진
- 보로 이긴 경우에는 '파인애플'이라 말하면서 여섯 걸음 전진
- 가장 먼저 계단 꼭대기에 도달한 사람이 승자

우선 이번에는 2명만 이 게임을 하기로 한다.

이런 게임은 상대가 무엇을 낼지 모르기 때문에 확률적인 요소가 적잖이 포함되어 있다. 그런데 도대체 어떻게 하면 이길 확률이 높아질까? 가위나 보를 내면 많은 걸음을 갈 수 있으

므로 왠지 모르게 좋을 듯한 느낌이 들고, 가위를 내서 진다면 상대는 당연히 바위를 내서 이겼을 테니 세 걸음밖에 진행하지 못하기 때문에 가장 좋은 선택이라고 생각할 것이다. 그러나 그 둘만 고집하다가는 오히려 역으로 당할 수도 있다.

이처럼 어떻게 해야 할지 모르는 상황이지만 여러분은 이미 '가시화'를 알고 있으므로 우선 자신의 손과 상대방 손의 조합을 도표로 그려보자.

아주 대단한 통찰력을 가진 사람이 아니라면 상대가 무엇을 낼지 모를뿐더러 상대가 도대체 어떤 비율로 각각의 손을 낼지도 알 수 없다. 따라서 '미지의 것은 미지의 것'으로 그냥 남겨놓기로 해 상대가 바위를 낼 확률을 x, 가위를 낼 확률을 y 그리고 보를 낼 확률을 1-x-y라고 정하겠다.

또 자신 역시 어떤 비율로 손을 낼지 정해놓지 않았으므로 이것도 바위, 가위, 보를 각각 a, b, 1-a-b로 정한다. (각각의 확률을 전부 더하면 1, 즉 100%가 된다.)

그렇다면 도표 안에 각각의 조합이 나타나는 확률, 상대방 그리고 자기 자신의 상대적 위치를 적을 수 있다.

이 놀이는 단 한 번의 가위바위보로 끝나는 것이 아니라 여러 번 반복해 계단을 다 올라가야 하므로 +3이라거나 -6이라

| 상대방과 자신이 가위바위보에 내는 손의 경우의 수 |

		상대방 손		
		바위	가위	보
		x	y	$1-x-y$
자기손	바위	±0	+3	−6
	a	ax	ay	$a(1-x-y)$
	가위	−3	±0	+6
	b	bx	by	$b(1-x-y)$
	보	+6	−6	±0
	$1-a-b$	$(1-a-b)x$	$(1-a-b)y$	$(1-a-b)(1-x-y)$

는 '각각의 증감과 그 증감이 일어날 수 있는 확률을 곱해 모두 더한 것을 가급적 크게 한다' 하는 것이 바로 이 게임의 필승법이 된다. 바꿔 말하면 자신의 플러스가 커지는 확률은 가급적 크게, 마이너스는 가급적 작게 하는 것이 기본적인 필승법인 셈이다.

이러다 보니 다소 수학 문제 같은 느낌이 들겠지만, 아무튼 이러한 증감과 확률을 곱하여 모두 더하면 어떻게 될까? 계산 결과는 옆 페이지 상단의 것과 같다.

사실 이 게임에서 상대의 x와 y에 관계없이 반드시 이길 수

확률을 고려한 증감

$$= \underline{0 \times ax} + 3 \times ay - 6 \times a(1 - x - y)$$

$$- 3 \times bx + \underline{0 \times bx} + 6 \times b(1 - x - y)$$

$$+ 6 \times (1 - a - b)x - 6 \times (1 - a - b)y + \underline{0 \times (1 - a - b)(1 - x - y)}$$

$$= 3ay - 6a + 6ax + 6ay$$

$$- 3bx + 6b - 6bx - 6by$$

$$+ 6x - 6ax - 6bx - 6y + 6ay - 6by$$

$$= 3(2 - 5b)x + 3(5a - 2)y - 6a + 6b$$

있는 방법은 없지만, 이 계산 결과로부터 '지지 않는 방법'은 도출해낼 수 있다. 즉 상대가 어떤 확률로 손을 내더라도 '지지 않는다'라는 뜻인데 그렇게 되려면 구체적으로 어떻게 해야 할까?

식 안에서 x에 딸려 있는 (2-5b)와 y에 딸려 있는 (5a-2)의 부분에서 a와 b는 자신의 생각대로 자유롭게 바꿀 수 있는 값인데, 여기서 x와 y에 딸려 있는 괄호 부분을 모두 0으로 만들어버리면 어떻게 될까? 즉 두 괄호 부분을 0으로 만들기 위해 a와 b의 값을 각각 5분의 2라 정하면 계산 결과는 다음과 같이 된다.

$$a = \frac{2}{5}, \quad b = \frac{2}{5}$$

$$3(2 - 5b)x + 3(5a - 2)y - 6a + 6b$$

$$= 3 \cdot 0 \cdot x + 3 \cdot y - \frac{12}{5} + \frac{12}{5}$$

$$= 0$$

다시 말해 식 전체의 계산 결과는 0이 된다.

이것은 바로 바위를 5분의 2로, 가위를 5분의 2로, 보를 5분의 1(혹은 바위와 가위와 보를 2 : 2 : 1의 비율)로 내는 것이다. 이러한 비율로 불규칙하게 가위바위보를 계속하는 한 상대가 어떤 식으로 손을 내더라도 '평균적으로는 지지 않는다'가 된다.

그렇다면 필승법이라는 것은 과연 존재하지 않을까? 사실 이 결과를 한층 더 고려해보면 '상대에 따라서는 존재한다'라고 말할 수도 있다. 무엇을 내야 할지 모르는 까닭은 '상대가 어떻게 나올지 전혀 알 수 없기 때문'이다. 그러나 반복하다 보면 상대가 바위, 가위, 보를 같은 비율로 낸다거나 가위를 좀 더 많이 낸다거나 하는 식으로 어느 정도 예측할 수 있다.

혹은 아무런 생각 없이 바위 ⇨ 가위 ⇨ 보 또는 그 역순으로 가위바위보를 반복하는 사람이 없으리라는 보장도 없다. '지지 않는 전략'을 세우기 위해 상대를 철저하게 관찰하고 어느 정도 경향을 파악한 다음 그로부터 최선의 전략을 짤 수 있다면 게임을 할 때 엄청난 장점으로 작용하지 않을까.

이렇게 관찰을 통해 상대의 '손을 내는 경향'을 '추정'할 수 있으면 굳이 x라든가 y 따위를 끌어들이지 않아도 똑같은 도표와 계산으로 최적의 전략을 수립할 수 있다. 가령 1 : 1 : 1로 균등하게 손을 내는 상대라면 b를 더 많이 그리고 a를 최소의 비율로 가위바위보를 하는 것이 좋다는 사실을 다음의 도표와 계산을 통해 알아낼 수 있다.

| 상대방이 가위바위보를 1:1:1로 내는 때의 경우의 수 |

		상대방 손		
		바위 $\frac{1}{3}$	가위 $\frac{1}{3}$	보 $\frac{1}{3}$
자기손	바위	± 0	$+3$	-6
	a	$\frac{a}{3}$	$\frac{a}{3}$	$\frac{a}{3}$
	가위	-3	± 0	$+6$
	b	$\frac{b}{3}$	$\frac{b}{3}$	$\frac{b}{3}$
	보	$+6$	-6	± 0
	$1-a-b$	$\frac{1-a-b}{3}$	$\frac{1-a-b}{3}$	$\frac{1-a-b}{3}$

$$= 0 \cdot \frac{a}{3} + 3 \cdot \frac{a}{3} - 6 \cdot \frac{a}{3} - 3 \cdot \frac{b}{3} + 0 \cdot \frac{b}{3} + 6 \cdot \frac{b}{3}$$

$$+ 6 \cdot \frac{1-a-b}{3} - 6 \cdot \frac{1-a-b}{3} + 0 \cdot \frac{1-a-b}{3}$$

$$= a - 2a - b + 2b + 2(1-a-b) - 2(1-a-b)$$

$$= a - 2a - b + 2b + 2 - 2a - 2b - 2 + 2a + 2b$$

$$= -a + b$$

a는 바위이고 b는 가위이니 가위를 많이 내고 바위는 적게 내는 것이다. 바위를 전혀 내지 않으면 거꾸로 내 수가 상대편에게 읽혀 역공을 당할 수도 있으니 적당히 낸다.

2. 확률의 편의를 찾아내라

넘버스의 필승법은 단지 어떤 확률을 살펴봐야 하는지
알아보는 계기로 삼자.

아이들 놀이만 예로 드는 것을 못마땅하게 여기는 사람이
있을지도 모르니까 이번에는 어른도 흥미를 가질 수 있도록
복권을 살 때 확률적 사고를 도입하면 어떻게 될지 생각해보
겠다.

그렇다고는 해도 일반적으로 복권은 '생각보다는 당첨되기
가 어렵다'는 것이 사실이므로, 어느 정도 게임처럼 즐길 수 있
는 넘버스(numbers, 구매자가 직접 숫자를 기입하는 방식의 복권으로 로
또와는 약간 차이가 있음_옮긴이) 복권을 예로 들어보겠다.

넘버스를 잘 모르는 사람을 위해 간단히 설명하자면, 가령 넘버스 3이라는 형식의 복권은 000~999까지의 세 자리 숫자 중 하나를 골라 한 게임당 200엔에 구입하고 그 회에 거둬들인 총 판매금액의 45%를 당첨자들끼리 n분의 1로 나누는 것이다. 물론 당첨자가 없을 경우에는 로또와 마찬가지로 다음 회로 이월된다. 넘버스 4라면 네 자릿수, 넘버스 미니라면 두 자릿수를 고를 뿐 규칙은 기본적으로 동일하다.

절반 이상의 금액이 주무 부서에 귀속될 만큼 배분 비율이 나쁜 시스템인데도 내 주변에는 운과 요행을 바라며 이 복권을 사는 사람이 적지 않다. 또 서점가를 둘러보면 이름도 괴상한 '넘버스 필승법!' 같은 제목의 책이나 잡지가 즐비하게 진열돼 있다.

나중에 자세히 설명하겠지만 이런 부류의 책들은 대부분 '완전히 엉터리'이다. 하지만 필승법 같은 것이 실제로 있느냐고 누군가 묻는다면 '없다고는 말 못한다'라는 것이 솔직한 대답이다.

물론 몇 가지 가정이랄까 조건은 필요하지만, 단지 '왠지 모르게'에 의존하여 숫자를 선택하는 사람보다는 압도적으로 유리한 확률로 복권을 살 수 있다.

자, 어떤가? 도쿄대학교에서 통계학을 배웠고 가르치는 사람이 생각하는, 지금까지 아무도 눈치 채지 못한 넘버스라는 게임의 '본질'이라 할 수 있는 '필승법'에 대해 알아가는 것만으로도 이 책을 읽을 가치는 충분하다고 생각하지 않는가?

그렇다면 먼저 지금까지 성행해오던 넘버스의 필승법과 그것들이 왜 엉터리인지 그 부분부터 짚어보겠다. 내가 알고 있는 기존의 넘버스 필승법은 대부분 다음과 같은 내용이다.

- 최근의 과거 다섯 번은 모두 짝수가 당첨되었다. 짝수가 여섯 번 연속으로 당첨될 확률은 불과 64분의 1밖에 되지 않으니 64분의 63이라는 높은 확률로 이번에는 홀수가 당첨될 것이라 생각한다.
- 10의 자리는 최근 모두 5 이하의 숫자가 계속되고 있다.

5 이상의 숫자여도 상관없는데, 기본적으로 지금까지는 이런 식의 '경향 분석'만 있었을 뿐이다. 하지만 이것은 참으로 엄청난 착각이다. 누군가에 의해 숫자가 정해진다면 모를까, 항상 공정하게 추첨이 이루어지는 이상 이전의 결과는 다음 결과에 전혀 영향을 주지 않는다.

동전을 세 번 던지기로 하고, 아직 아무것도 던지지 않은 상태에서 세 번 모두 앞면이 될 확률은 8분의 1이다. 그런데 두 번 던져 다 앞면이 나온 뒤 세 번째 던지는 동전이 공기의 흐름을 읽고 뒷면이 될 가능성을 높일 수 있을까? 반드시 세 번째 동전도 이전 상황과는 관계없이 전과 같은 확률로 앞면이나 뒷면이 나온다.

즉 '전혀 정보가 없는 상태의 확률'과 '막상 무엇인가가 확정된 다음의 확률'을 혼동하기 때문에 이런 어처구니없는 예측이 나오는 것이다. 마치 몬티홀의 딜레마처럼 여러 사람이 올바른 판단을 하지 못한 것과 같다.

과거의 당첨 숫자를 분석해서 '이 당첨번호가 나온 데는 무엇인가 편의가 있지는 않을까' 하는 의문을 가진다면 그 자체로는 아주 의미 있는 일이다. 동전던지기에서 사기가 있을지도 모른다고 판단했을 때처럼 '확실히 있을 수 없다'라는 판단을 할 수 있을 정도인데도 지금까지의 당첨번호가 한쪽으로 치우쳐 있다면 그 편의에 따라 숫자를 고르는 편이 나을지도 모른다.

그러나 고작 몇 차례의 당첨 숫자만 놓고 편의를 따지고 들 필요는 없다. 두세 차례의 편의 정도는 예사로 발견된다.

나는 일 관계로 공무원들하고도 자주 만나는데 그들은 '공

정함'에 대한 투철한 직업의식을 갖고 있으며 지나치다 싶을 만큼 원칙적이다. 이를 감안하면 그들의 입회 아래 실시되는 복권 추첨에 무슨 문제가 있으리라는 생각은 전혀 들지 않는다. 그러므로 '숫자 자체의 확률'은 균등하다고 판단하고 그것을 맞히려고 하는 것은 아예 단념하는 편이 낫다는 게 나의 결론이다.

'아니, 그렇다면 필승법은 없다는 것 아닙니까?' 하는 목소리가 들리는 것 같은데 꼭 그렇지는 않다. 마땅히 목표로 삼아야 할 확률의 대상이 추첨에 의해 정해지는 숫자가 아닌 것일 뿐, '확률의 편의'를 능숙하게 제어함으로써 필승법이 될 만한 전략을 세울 수 있다.

구체적이고 아주 단순한 상황으로 '넘버스 1'을 생각해보자. 0~9까지의 한 자리 숫자로 복권을 한 게임 구매하고 총 판매금액의 45%를 당첨된 사람의 수로 나눠 갖는 복권이다. 자신을 포함한 100명의 사람이 이 복권을 구매했다 치고, 이 경우 '평균적으로는' 하는 마음으로 자신이 어떤 숫자를 고른 다음 몇 번이 당첨될지 정리하면 다음 페이지의 도표처럼 된다.

방금 전의 그리코처럼 자신이 '평균적으로' 총 얼마의 상금

| 넘버 1의 평균 당첨 금액 |

		당첨되는 숫자									
		0	1	2	3	4	5	6	7	8	9
		$\frac{1}{10}$	$\frac{1}{10}$	$\frac{1}{10}$	$\frac{1}{10}$	$\frac{1}{10}$	$\frac{1}{10}$	$\frac{1}{10}$	$\frac{1}{10}$	$\frac{1}{10}$	$\frac{1}{10}$
자신이 구매한 숫자	0										
	1										
	2					−200엔					
	3										
	4										
	5										
	6										
	7	−200엔									
	8										
	9										

: 200엔 X 100명 분 X 45% ÷ 10명 = 900엔

을 받을 수 있을지 생각해보자. 옆 페이지의 도표를 통해 알 수 있는 것은 200엔을 지불하고 어떤 숫자를 사더라도 평균적으로는 90엔(900엔 × $\frac{1}{10}$(당첨 확률))밖에는 돌아오지 않는다는 사실이다. 이렇다면 필승법이기는커녕 맨 처음 언급했듯이 '대단히 배분 비율이 나쁜 시스템'이라 할 수 있다.

그러나 도표에 있는 '암묵적 가정'을 알아챈 사람이라면 '가능한 필승법'을 생각해낼 수 있다. 여기서 '암묵적 가정'이란 도대체 무엇일까? '모든 숫자는 균등하게 팔린다'는 것이다.

0~9까지의 어떤 숫자가 '당첨될지'의 확률은 완벽하게 동일하지만 어떤 숫자가 '팔릴지'의 확률도 과연 같을까?

예를 들어 7이라는 숫자에는 행운의 이미지가 있다. 일본에서 8이라는 숫자는 재수가 좋다고 여기고 반대로 4라는 숫자는 불길하게 생각한다. 미·유럽만큼은 아니더라도 왠지 6이라는 숫자는 그다지 좋은 이미지는 아닌 것 같고 0이나 9 같은 가장자리 숫자보다는 3이나 5처럼 어중간한 쪽이 당첨될 것 같은 생각이 들기도 한다.

이런 심리가 반영되어 가령 99명이 각각의 숫자를 다음과 같이 구매했다고 가정하자.

0를 구매한 사람   6명

1을 구매한 사람   8명

2를 구매한 사람   8명

3을 구매한 사람   10명

4를 구매한 사람   3명

5를 구매한 사람   7명

6을 구매한 사람   8명

7을 구매한 사람   29명

8을 구매한 사람   12명

9를 구매한 사람   8명

이런 상황에서 자신이 100번째로 구매했을 경우 당첨금은 얼마나 배당받을 수 있을지 생각해보겠다. 예를 들어 7을 샀다고 하면 총 판매금액 2만 엔의 45%, 즉 9000엔을 자신을 포함한 30명이 나눠 가져야 하므로 당첨이 되었다고 한들 고작 300엔밖에는 받지 못한다. 게다가 당첨될 확률이 동일하게 10분의 1인 점을 감안하면 200엔을 들여서 겨우 30엔만 받는 셈이다.

그렇지만 4를 사는 경우에는 어떨까? 자신을 포함한 4명이 9000엔을 나눠 가지니까 한 사람당 2250엔을 받을 수 있다. 당첨될 확률을 고려해도 200엔을 들여 225엔을 받는 셈이 된다.

이것을 필승법이라고 할 수는 없을까?

한 걸음 더 나아가 '두 게임을 사면 어떻게 될까?' 하는 생각을 할 수도 있다. 이런 경우 지불할 돈은 400엔이고, 5명 중 2명 분을 받게 되므로 확률을 고려한 평균적인 당첨금은 360엔이다. 그다지 좋은 방법은 아닌 것 같다.

이러한 고찰을 통해 알 수 있는 사실은, 넘버스란 '좋아하는 숫자를 선택하는 게임'이 아니라 '다른 사람이 싫어하는 숫자를 맞히는 게임'이라는 점이다.

45%라는 불리한 상황을 뒤집을 만한 크기의 편의가 팔리는 숫자에 있어야 한다는 조건이 요구되기는 하지만 그것만 충족된다면 확률적으로 흑자가 되는 구매법이 없지는 않다는 것이 내 결론이다.

그런데 과연 그런 크기의 편의가 존재할까? 의외로 당첨자가 없어서 당첨금이 차기로 이월되기도 한다는데 그러한 '당첨자 없음'인 경우야말로 기회로 삼아야 하는 것은 아닐까 하는 생각이다. 행운의 숫자라든가 기존의 필승법에 의해 잘 팔리는

| 팔리는 숫자의 편의를 고려했을 때의 평균 당첨 금액 |

구매한 숫자	자신이 구매했을 때의 사람 수	당첨되는 숫자			
		0	1	2	3
		$\dfrac{1}{10}$	$\dfrac{1}{10}$	$\dfrac{1}{10}$	$\dfrac{1}{10}$
0	7명	9000÷7 = +1286엔			
1	9명		9000÷9 = +1000엔		
2	9명			9000÷9 = +1000엔	
3	11명				9000÷11 = +813엔
4	4명				
5	8명				
6	9명				
7	30명				
8	13명				
9	9명				

−200엔

4	5	6	7	8	9
$\frac{1}{10}$	$\frac{1}{10}$	$\frac{1}{10}$	$\frac{1}{10}$	$\frac{1}{10}$	$\frac{1}{10}$
		−200엔			
9000÷4 = +2250엔					
	9000÷8 = +1125엔				
		9000÷9 = +1000엔			
			9000÷30 = +300엔		
				9000÷13 = +692엔	
					9000÷9 = +1000엔

숫자 따위를 고르는 고리타분한 방식에서 벗어나 '누구도 잘 사지 않는 숫자'가 무엇인지 알 수만 있다면 그것이 바로 필승 법인지도 모른다. 또 다음 회로 이월되면 확률은 같고 상금만 늘어나는 상황이므로 조건은 더 유리해진다.

'별로 구매되지 않는 숫자'를 열심히 찾아보고 당첨금이 이월되었을 때 그 숫자로 단 한 게임만 구매하면 어떤 식으로 생각하든 행운의 숫자로 샀을 때보다 훨씬 더 유리한 승부가 된다. 또 차기로 이월되었다면 지난 번 당첨 숫자는 아무도 사지 않은 셈이므로 '완전히 똑같은 숫자를 산다'는 것이 좋은 방법일지도 모른다.

앞에서도 말했듯이 하나하나의 추첨은 완전히 독립적이기 때문에 지난번과 같은 숫자이든 아니든 당첨될 확률은 전혀 달라지지 않고 똑같다. 하지만 사람들은 대부분 같은 숫자는 아마도 당첨될 확률이 낮을 거라고 아무런 근거도 없이 생각하는 경향이 있다. 꼭 그렇지는 않더라도 어차피 그 숫자는 '그다지 인기가 없기' 때문에 당첨자가 없는 상황이 된 것은 아닐까.

지금까지 상당한 기대를 하며 읽어왔던 여러분에게는 대단히 죄송스런 일이지만 이제 유감스러운 사실을 밝혀야 할 것 같다.

이 책은 최소한 몇 천 부 정도는 서점가에 비치되어 시중에 판매될 예정이므로 아무리 적게 추측해도 1000명 이상은 읽게 된다. 게다가 이 내용을 흥미롭게 본 사람이라면 무심코 친구에게 전달하고 싶은 마음이 들기도 할 것이다. 그렇다면 앞으로는 '지금까지 구매되지 않았던 숫자'를 사려는 사람이 비정상적으로 증가하여 이 필승법은 통하지 않을지도 모른다.

분명 필승법이었던 것을 여기에서 밝혔다는 이유로 아니게 되다니, 참으로 역설적이라는 점은 인정한다. 하지만 지금까지 살펴본 넘버스의 필승법을 단지 '무슨 확률에 주목해야 할지 관점을 전환하는 계기'로 삼았으면 한다.

3. 단 하나의 중요한 사실

도박판을 경영하는 측은 '확률적 사고의 프로' 이다.

넘버스는 규칙이나 확률이 매우 단순하기 때문에 필승법과 관련하여 비교적 상세하게 설명할 수 있었는데, 그렇다면 도박은 어떨까?

사실 나는 도박을 거의 하지 않는 편이므로 말을 꺼낼 자격도 없겠지만, 가령 경마나 경륜, 경정, 오토레이스(Auto Race, 모터사이클로 진행되는 일본의 사행성 스포츠의 일종_옮긴이) 등은 기본적으로 동일한 규칙으로 운영된다. 상위로 골인할 것 같은 대상 번호의 표를 사고 적중했을 때는 그에 상응하는 배당금을 받는 형식이다.

배당률은 운영본부 측이 실력 등을 감안하여 최초로 예상한 부분과 얼마나 많은 사람이 게임에 참가했는지 여부로 결정되는데, 본부 측은 어떤 결과가 나오더라도 손해를 보지 않는 구조이다. 하지만 이런 경우라도 잘 이용만 하면 넘버스와 마찬가지로 '뚫고 들어갈 구멍'이 있을지도 모른다.

즉 '참가자의 성향' 부분을 고려할 때 방금 전 넘버스에서도 설명했듯이 7이나 4와 같은 편의를 감안한다면 비교적 유리한 구매법을 찾아낼 수 있다. 예를 들어 경마든 오토레이스든 참가자의 주목을 집중적으로 받으면 상황이나 실력을 고려한 승률에 반비례하여 배당금은 당연히 적어지게 마련이다. 그러나 '다크호스'처럼 객관적인 승률이 그다지 낮지도 않은 대항 상대는, 반대로 생각해볼 때 상당히 유리한 '별로 구매되지 않는 숫자'이다.

또 100배 이상의 배당이 붙는 마권은, 기본적으로 '이것이 적중할 일은 거의 없을 것이다'를 말하는 것이나 마찬가지이다. 그러나 만약 그것이 어떠한 조건 아래서 '실제의 승률이 100분의 1이라는 것은 엄청난 과소평가' 같은 수치를 찾아냈다면, 이 역시 '유리한 구매법'이 될 수 있다.

방금 전의 넘버스만큼 명확하지는 않더라도 도박에서도 다소 유리한 승부의 방법은 분명 있으리라고 생각하지만, 그보다 훨씬 더 중요한 사실 한 가지가 있다.

　　세상의 온갖 도박은 하면 할수록 평균적으로는 손해를 본다, 하는 점이다.

　　도박에 빠져 있는 사람일수록 '그럴 리가 없다'든가 '잘만 하면 한몫 단단히 챙긴다' 같은 말을 하게 마련이지만, 그런 사람의 모든 전적을 수집하여 따져보면 단언컨대 그들은 대부분 손해를 보았다. 만약 내 말을 믿지 못하고 누군가가 내기를 걸어온다 해도 평균적으로는 절대로 지지 않을 자신이 있다.

　　확률론이나 통계학은 도박의 세계에서 발전했다는 말도 있는데, 그것은 즉 도박을 경영하는 측이 어떤 의미로는 나보다도 훨씬 더 능수능란한 '확률적 사고의 프로'임을 의미한다. 무슨 일이 있더라도 반드시 '평균적으로는 손해를 보지 않도록' 철저하게 확률적인 계산을 한 다음 도박을 경영하고 있는 것이다.

　　이처럼 절대적으로 불리한 상태에서도 '상황을 유리하게 이끄는 방법'을 생각해낼 수 있는 사람이라면, 아마도 그 재능을 도박 말고 다른 부문에 쏟는 편이 더 유익하고 미래지향적이라고 본다. 아니, 뭐하다면 그 '필승법'을 책으로 펴내는 것이 더 큰 돈벌이가 되지는 않을까?

도박으로 큰돈을 벌겠다는 생각에 사로잡힌 사람이라면 다시 한 번 이 책에서 설명한 '편의'를 깊이 생각해보라. 불과 몇 번의 성공체험만을 전면에 내세우고 있지는 않은가? 또 지금까지 엄청난 돈을 잃어왔던 스스로를 정당화하기 위해 계속 '한 몫 단단히 챙길 수 있다'는 믿음을 저버리지 못하는 건 아닐까?

분명 도박을 통해 느끼는 비일상적이면서 스릴 넘치는 체험은, 오락으로서는 매우 효용가치가 크다고 생각한다. 그러나 그것은 어디까지나 오락일 뿐 윤택한 생활을 위해 돈을 벌려는 행위는 아니다. 게임센터나 볼링장에서 즐기려면 돈을 써야 하는 것처럼 오락을 위해서도 당연히 대가를 지불해야 한다.

역사적으로 볼 때 경마는 본래 영국의 귀족 놀이에서 출발했다. 농장이나 공장을 소유하고 단지 노동자를 잘 부리기만 해도 주체하기 힘들 정도의 돈에 치여 사는 귀족들이, 따분함을 달래기 위해 아슬아슬한 체험을 요구하여 생긴 놀이가 바로 경마이다.

'손해를 보든 이득을 보든 특별히 곤란한 일이 생기거나 인

생이 바뀔 것도 없다. 지면 잠시 낙담하면 그만이고, 이기면 그저 기뻐하면 그뿐이다.'

도박을 하려면 이런 여유가 있어야 하지 않을까.

'무조건 이득을 보겠다는 생각은 버리고 돈 주고도 살 수 없는 아슬아슬한 체험을 자신이 감당할 수 있는 예산 범위 안에서 한다.'

도박의 진정한 '승리자'는 이런 감각을 갖고 사는 사람이 아닐까 생각한다.

>> 엄청난 확률을 뚫고 생겨난 지구의 생명

지구상에 생명이 태어날 확률은 터무니없이 낮아서 '기적'이나 다름없는 일이라고들 한다. 인류와 같이 지성을 가진 존재가 탄생한 일이나, 좀 더 이전 단계에서 지구 혹은 우주 자체가 생겨난 것도 기적과 같은 확률이다.

왜 이런 일이 벌어졌을까? 이는 현대 과학으로도 풀어내지 못한 크나큰 수수께끼다. 그래서 수많은 사람들이 '이런 기적이 일어나다니 아무리 생각해도 도저히 믿어지지 않아! 분명 뭔가 이유가 있을 거야!'라며 사실을 규명하기 위해 끊임없이 노력해왔다. 하지만 나는 단순히 '확률이 0(zero)이 아니었기 때문'이라는 생각이다.

아무리 0에 가까운 지극히 희박한 확률이라도 무한에 가까울 정도의 시도를 하다 보면 한두 번쯤은 원하는 결과를 얻는 것이 보통이다.

도대체 우주에 얼마나 많은 화학반응이 일어났는지를 생각하면, 기적이라 여기는 그 많은 것들도 사실은 그다지 진기한 일이 아닐지도 모른다.

또 지금 하는 이야기가 SF소설처럼 느껴질지도 모르겠지만, 양자역학의 세계에는 '다중세계 해석'이라는 것이 있다. 사물을 원자 단계로까지 미시적(micro)으로 살펴보면 사실 모든 것은 확률적인 존재나 다름없다. 하지만 거시적(macro) 차원에서는 최종적으로 그것들을 확정된 것으로 인식하게 된다.

자세한 내용은 양자역학의 입문서를 읽고 이해했으면 하지만, 아무튼 미시와 거시의 틈바구니에서 확률적이어야 할 것이 확정적인 것이 돼버리는 수수께끼를 해결하기 위한 방편 중 하나가 다중세계 해석이다. 요컨대 우리 세계는 확률적으로 항상 수평 사회로의 분기(分岐)를 거듭하고 있다는 해석법이다.

현대 과학으로는 다중세계 해석이 올바른지 증명할 수 없지만, 만약 이것이 맞다면 범위를 더욱 확장하여 생각할 때 확률적으로 있을 수 있는 현상은 이미 일어난 상태의 세계로 반드시 어디엔가 존재해야만 한다. 그것이 제아무리 희박한 확률이라도 어쨌든 주어진 확률에 따라 세계는 분기할 것이며, 분기한 다음의 세계에서는 '이미 일어난 일'이 되고 만다.

우주가 탄생하고 지구가 생겨나고 생명이 시작되고 지성

이 발달한 것 모두도, 만약 그렇게 될 확률이 0이 아니라면 '다중세계' 안에서는 일어난 상태의 세계로 존재할 것이며, 그것이 마치 기적과도 같은 우리의 상황이라고 생각할 수 있다.

우주 탄생 전의 '무(無)'는 아무것도 없다는 뜻이 아니라 온갖 확률적인 존재가 요동치면서도 조화가 이루어진 상태로, 그 조화를 어지럽히는 수준의 '요동'이 기적적이면서도 확률적으로 설명 가능한 범위에서 일어난 것이 바로 우주 탄생의 비밀은 아닐까.

1921년 노벨 물리학상을 받은 유명한 아인슈타인(Albert Einstein, 1879~1955) 박사는 이런 확률적 사고가 성에 차지 않았던 듯 양자역학의 '확률적인 존재'를 인정하지 않고 '신은 주사위를 던지지 않는다'는 말을 남겼다. 하지만 나는 오히려 '신은 주사위이다' 혹은 '신은 주사위 위에 세계를 만들었다'가 아닌가 생각한다.

제8장

일상에 감춰져 있는 확률

장 폴 사르트르가 말했다. '인간은 자유 그 자체이다. 그래서 자신의 판단으로 초래되는 행복과 불행을 남의 탓으로 돌릴 수 없으며, 그 모든 것이 자신에게로 귀속된다.'

1. 오래 살려면 어떻게 해야 할까

후회하지 않으려면 확률적으로 건강한 삶을 살아야 한다.

이 책도 서서히 마지막으로 접어들고 있는데, 여러분은 이제 다소나마 세상의 불확실성을 느끼고 거기에 대처하는 힘을 키웠는가?

앞에서 나는 확실한 일 따위는 아무것도 없다고 분명히 말했다. 그런데도 우리는 날마다 살아가지 않으면 안 되고 무슨 판단이든 내려야만 한다.

프랑스의 유명한 철학자이자 사상가인 장 폴 사르트르(Jean Paul Sartre, 1905~1980)는 '인간은 자유 그 자체'라는 말을 남겼다.

사르트르의 말대로 우리는 자유롭다. 하지만 이 말은 자신의 판단으로 초래되는 행복과 불행을 남의 탓으로 돌릴 수 없으며 그 모든 것이 자신에게로 귀속된다는 의미를 담고 있다.

자신의 건강이나 생명에 대해서도, 우리는 이미 신이 허락해준 운명 따위에 얽매이기보다는 자신이 누리는 '자유'의 영향을 훨씬 더 많이 받는다. 현재 일본에서 주요 사망원인은 암과 뇌졸중과 같은 뇌혈관계 질환 또는 심근경색 등이다. 이른바 '생활습관병'이라 불리는 데서도 알 수 있듯이 이 병들은 생활방식에 따라 그 위험성이 달라진다.

사람들은 대부분 병에 걸리면 무슨 특효약은 없는지 능력 있는 외과의사의 수술로 완치될 수는 없는지 하는 부분에만 신경을 쓴다. 혹은 아무 노력 없이 한순간에 낫게 해줄 마법과 같은 건강식품을 찾는다. 의학이 아무리 발달해도 생활습관병을 약이나 수술로 고치기는 매우 어렵다. 게다가 기적의 건강식품 따위는 단언컨대 지금 현재로서는 존재하지 않는다.

날마다 밥상을 채소류로 채우고 과도한 염분 섭취를 줄이며 주에 한두 번 운동을 한다면 대다수 생활습관병은 예방이 되거나 발병을 늦출 수 있다는 것이 다양한 연구 결과를 통해 이미 확인되었다. 물론 술, 담배를 삼가는 것은 당연하다. 심근경색이라면 천재 외과의사에게 수술을 받는 것보다 담배를 끊고 염분 섭취를 줄여 처음부터 아예 병에 걸리지 않도록 하는 것이 가장 바람직하다.

확률은 의식적으로 생각하고 '가시화'를 하지 않으면 결코 눈에 보이지 않는다. 또 담배를 피우든 말든 채소류를 멀리 하든 말든 간에 전혀 아프지 않는 사람도 있다. 그러나 확실히 '확률적'으로 평소 생활습관이 엉망인 사람이 병에 걸릴 가능성이 높아지는 것만큼은 틀림없다.

다음 페이지에 실려 있는 일본에서 실시된 대규모 역학 조사를 통해서도 이 사실을 알 수 있다.

만약 여러분이 제대로 먹지 않고 나쁜 습관을 가지고 있는데 누군가가 '그건 좋지 않아'라고 했다면 과연 여러분은 그 사람에게 논리적으로 반박을 할 수 있는가? 특별히 나는 남의 생활습관에 감 놔라 배 놔라 참견하고 싶지 않다. 솔직히 말하자면 우연히 이 책을 읽었을 뿐인 사람이 어떤 생활을 하고 있는지, 또 몇 십 년 뒤에 건강상태가 어떻게 변할는지 나로서는 알 도리가 없다.

하지만 이 말은 꼭 하고 싶다. 정말로 나중에 후회하지 않는 인생을 살려면 항상 최선의 판단을 해야만 한다는 점이다.

| 생활습관과 질병 발생률, 사망률 조사 |

		남성	여성
담배	흡연에 의한 사망률의 변화	1.6배	1.9배
		사망한 사람 중 5명에 1명꼴로 금연에 의해 사망을 예방할 수 있었다고 추측되는 사람이 존재	
	흡연에 의한 폐암 발생률의 변화	4.5배	4.2배
		남성 폐암의 68%, 여성 폐암의 18%는 흡연이 원인	
채소류	주에 하루 이상 채소를 섭취했을 경우 위암 발생률의 변화	0.44배	0.78배
		채소류 섭취량에 따라 다르다	
혈압	혈압이 정상인 사람과 비교한 고혈압 환자의 뇌졸중 발생 위험도	3.6~6.7배	2.2~5.6배
		고혈압의 정도에 따라 다르다	
운동	평균적으로 활동량이 적은 집단과 비교한 그렇지 않은 집단의 사망 위험도	0.73배	0.61배

출전: 후생노동성 연구반에 의한 다목적 코호트 연구
http://epi.ncc.go.jp/jphc/

지금 왜곡돼 있는 속마음 때문에 진실로부터 눈을 돌렸더라도 자신의 깊은 곳에서는 사실을 알고 있을 것이다. 눈을 돌린 진실이 담배라고 가정하면, 훗날 폐암에 걸렸을 때 호흡하기조차 힘든 고통이나 항암제의 부작용에 괴로워하며 과거의 자신을 후회할지도 모른다.

이러한 불행은 확률적 사고를 제대로 이해하고 자신의 이성에 따라 좋은 생활습관을 실천하며 살아간다면 절대로 여러분 곁에 찾아오지 않는다.

이 책의 서두에서 나는 이렇게 말했다. 인생에서 가장 무서운 것은 '불안'과 '후회'이며, 그것을 극복하는 것은 다름 아닌 확률적 사고라고. 여러분이 막연하게나마 자신의 건강에 불안을 느끼고 또 후회하고 싶지 않다면 이런 점을 분명히 이해하여 인생을 살아가는 데 양식으로 활용하기 바란다.

2. 생명보험에 꼭 들어야 할까

최악의 상황이 닥쳤을 때를 따져보고
미리 준비하는 자세가 더 중요하다.

건강에 관한 이야기는 이쯤 해두고 이제 '보험' 이야기를 꺼내고자 한다. 여기서 말하는 보험이란 건강보험 같은 사회보장 제도 말고 사망하거나 입원했을 때 보상을 해주는 민간 보험회사의 것을 말한다. 우리는 과연 그런 보험에 가입해야 할까?

결론부터 말하자면 '기본적으로는 아니다'이다.

도박판의 경영자처럼 보험회사 또한 확률적 사고의 전문가들이다. 어떤 식으로 계산하든 '평균적으로는 손해를 보지 않는다'는 범위에서 보험금과 보상 내용을 설정하고 전혀 '뚫고 들어갈 구멍'이 없는 계약 내용으로 보험 상품을 개발한다. (보험의 발상은 분명 도박업체에서 비롯되었을 것이다.)

예를 들어 30대 남성이 1년 동안 사망하는 비율이 0.5%였다고 치자. 이것은 즉 10만 명의 30대 남성을 1년간 조사하면 500명이 사망한다는 의미이다. 이런 경우 30대 남성으로부터 연간 10만 엔의 보험료를 받고 사망 시에는 1000만 엔을 보상해주는 보험 상품이 있다면 보험회사의 1인당 수익은 얼마나 될까.

보험회사의 1년간 1인당 수익

= 10만 엔 − 1000만 엔 × 0.5%

[(1년간의 보험료) − (보상금) × 1년간 사망하는 비율]

= 5만 엔의 흑자

계산 결과에서 볼 수 있듯이 한 사람에게 보험 상품을 팔 때마다 확률적으로는 연간 5만 엔씩 돈을 버는 셈이다. 또 이 '확률적으로는'을 통해서 얻는 수입을 극대화하려면 계속해서 보험 가입자를 늘려가기만 하면 그만이다. 그래서 보험회사는 말 잘하고 사교적인 주부 등을 고용하여 '인맥', '인정' 따위에 호

소하며 각종 보험 상품을 팔기 위해 노력한다. 보험회사가 얻게 되는 '확률적으로 연간 5만 엔의 이득'은 두말할 것도 없이 우리에게는 '확률적으로 5만 엔의 손해'로 되돌아온다.

이런 보험 때문에 더 쉽게 손해를 입게 되는 대상자는 20~30대의 비교적 젊은 계층의 사람들이라는 말도 있다.

만약 시간의 여유가 있으면 후생노동성이 발표하는 연령대별 사망원인을 인터넷을 통해 검색해보라. 20대와 30대의 가장 큰 사망원인은 무엇이라고 생각하는가?

암? 백혈병? 에이즈? 아니다, 바로 '자살'과 '사고'이다.

본래 전체 사망자 수에서 차지하는 이 연령대의 비율은 몇 퍼센트에 불과해 사망할 가능성이 아주 낮은데다가 '자살'과 '사고' 등은 자신이 건전한 사고방식을 갖고 조금만 더 주의하면 암 이상으로 미리 방지하기가 쉽다. 게다가 '자살'은 특별조항이 없는 한 생명보험의 보상 대상에서 제외되기까지 한다.

괴로운 일이 있으면 정신과 전문의의 상담을 받고 앞좌석이든 뒷좌석이든 안전띠를 반드시 착용하며 교통 규칙과 매너를 지켜 안전운전에 유의하는 등 '당연히 해야 할 일'만 제대로 하더라도, 젊은 사람들은 그야말로 복권에 당첨되는 확률로밖에는 죽지 않는다.

하지만 그래도 '왠지 모르게 불안하다'고 느끼는 사람도 있다. 보험회사는 아마 그런 사람들의 심리를 이용하는 것을 영업의 기본으로 삼고 있는지도 모른다. 여기서는 확률적 사고를 적극 이용해 정말로 자신이 보험에 들어야 하는지 따져보겠다.

일반적으로는 무슨 일이 닥쳤을 때 보험금을 받기보다는 그런 일에 대비하여 보험회사에 지불하는 돈을 따로 적립해두는 편이 '확률적으로'는 더 이득이다. 그러나 보험 가입자들이 말하는 '무슨 일이 닥쳤을 때'라는 최악의 시나리오에 대비하여 위험을 분산하려는 행동에 수긍이 가지 않는 것은 아니다.

그렇다면 우선 최악의 시나리오를 생각해보자.

예를 들어 여러분 중 누군가가 자살 이외의 이유로 갑자기 죽었다고 가정하자. 혹은 큰 병에 걸려 일을 못하게 되었을 수도 있다.

감정적인 측면에서 여러분의 가족이나 애인은 슬퍼할지도 모르지만 현실적인 문제로 '돈'은 여러분의 소중한 사람에게 어느 정도의 의미로 작용할까? 물론 고생시키고 싶지 않은 마음은 충분히 이해가 간다.

하지만 여러분의 부모님은 누군가 돌보지 않으면 안 되는 상태인가? 의지할 사람이 아무도 없고 노후의 준비도 되어 있지 않은가?

똑같은 예를 결혼한 사람에게도 적용시킬 수 있다. 여러분의 배우자는 여러분이 없으면 일하지 못한다거나 혹은 돈을 지불하면서까지 가사도우미에게 집안일을 부탁해야 할 정도로 가정적이지 못한가. 또 여러분의 자녀는 비싼 수업료를 치르며 사립학교에 보내지 않으면 정상적으로 자라지 못할 만큼 나약한 아이인가? 게다가 그렇게 장차 예측되는 문제는 보험금으로밖에는 해결할 방법이 없는 건가?

이런 식으로 하나하나 검토해 '막연히 느끼는 불안'을 '미리 상정해놓은 시나리오'에 맞춰서 생각해보자. 물론 즐거운 상상은 아니겠지만, 그렇다고 귀중한 돈을 구체적인 검토도 없이 보험회사에 쏟아 붓는 것은 단지 현실도피라고밖에는 볼 수 없다.

이처럼 '최악의 시나리오'를 생각하는 것은 보험 이외의 영역에서 위험부담을 무릅쓰는 선택을 할 때도 반드시 필요한 과정이다. 일하는 과정에서 잘못을 저지를지 모른다거나 혹은 전직을 위해 잠시 일을 그만두면 생활하기가 힘들어질지도 모른다며 사람들은 막연히 불안을 느낀다. 하지만 '최악의 시나리오'를 상정하고 무엇이 문제인지 하나하나 정리해보면 정작 본인이 두려워했던 '최악'은 그다지 우려할 만한 상황이 아니라는 것을 알게 되는 경우도 종종 있다.

'지금 상태'에 너무 집착만 하지 않으면 의외로 인간은 어떤 식으로든 살아가게 마련이다.

또 '무엇이 심각한 문제일까'가 명확해졌다면 이제 그에 대한 별도의 대책으로 보험에 돈을 들이지 않고도 이용할 수 있는 제도에 대해 생각해보자. 대중매체가 행정 서비스 중에서 '제대로 운용되지 못하는 부분'만을 적극적으로 보도하는 탓에 막연히 일본의 행정에 대해 좋지 못한 이미지를 가진 사람이 있을지도 모르지만, 일본의 서민 관련 복지제도는 미국 등에 비교해도 의외로 잘 짜여 있다.

대다수 국민은 병이 걸렸을 때 30%의 자기부담금만 지불하면 치료를 받을 수 있으며 만약 고액의 치료비를 지불했다면 세금공제 대상자가 된다. 또 연금을 위해 일정 기간 돈을 적립하면 수급자 자격이 되기 전에 사망하는 경우라도 유족에게 어느 정도의 연금이 지급된다.

이 모든 설명을 듣고 종합하여 생각했는데도 '여전히 불안하다'는 결론이 났다면 이제 비로소 보험 가입을 고려해봐도 무방하다. 여기서 중요한 것은 어디까지나 여전히 불안하게 느끼는 그 '최악의 사태'를 회피하기 위해서라도 결코 목적을 잊어서는 안 된다는 점이다.

또 적립이 가능하다거나 몇 년 이상 건강을 유지하면 축하금을 받을 수 있다거나 하는 등 다양한 옵션이 걸려 있어 거기에 돈을 더 많이 들이면 들일수록 '확률적으로는 손해를 보는 것'임을 잊어서도 안 된다.

마지막으로 협동조합이라든가 직장의 공제조합, 혹은 비영리 단체의 보험에 대해서도 선택사항으로 검토해볼 필요가 있다. 이들은 요란하게 선전을 하는 것도 아니고 근사한 옵션이 마련되어 있지도 않지만, 오히려 그로 인해 경비가 많이 들지 않는 만큼 확률적인 손실이 적다.

3. 노력할 필요가 있는가

제대로 된 목표를 정해놓고 집중적으로 노력했을 때 도박보다
더 짜릿한 흥분을 느끼게 된다.

내가 좋아하는 만화책에 이런 대사가 나온다.

"노력했다고 꼭 성공하는 것은 아니다. 하지만 성공한 사람
은 언제나 노력하고 있다."

상당히 음미할 만한 말이라고 생각한다. '노력'하기는 참으
로 어려운데다가 보답을 받을지 어떨지 불안하기까지 하지만,
위 말은 무언가에 도전하려는 우리에게 크나큰 용기를 준다.
그러나 '노력했다고 꼭 성공하는 것은 아니다'라는 부분에만
주목하면 공부든 일상적인 일이든 노력했다고 꼭 성공하는 것

은 아니니까 게으름을 피워도 괜찮겠지 하는 안일한 생각에 젖어들 수도 있다.

참고로 나는 학생들에게 자주 이런 말을 한다.

"노력은 어디까지나 도박이다. 그러니까 인생은 재미있다."

일본 사회에서는 노력이란 바로 '부지런함'이다. 그리고 부지런하려는 노력은 숭고한 미덕처럼 여겨지고 그 결과에 상관없이 다른 사람의 귀감이 되는 행동으로 인정받기도 한다.

하지만 나는 자주 '그러면 너무 시시하지 않은가'라고 생각한다.

예를 들어 지루한 단순작업을 인생에서 몇 번 했는가에 따라 우열이 정해지는 스포츠가 있다고 치자. 이런 경우 선수들의 성적은 모두 '단순작업을 실시한 횟수'로 나타난다.

'이 선수는 지금까지 인생에서 100만 번 헛스윙을 했으므로 10만 번 헛스윙을 한 선수보다 성적이 10배 낫다.'

이런 스포츠는 절대로 재미없을 거라고 나는 확신을 갖고 말할 수 있다. 스포츠가 즐거운 이유는 무엇일까? 승부는 언제나 '불확실'하고 '어떻게 하는 것이 최선인가'라는 결론이 정해져 있지 않기 때문 아닐까.

이것만 해내면 절대적으로 이긴다는 이론이 통용된다면 그 어떤 스포츠도 아마 설 땅을 잃을 것이다. 다음 타석에서 홈런이 나오는지, 다음 슈팅이 골로 연결될지 아무도 모르기 때문에 가슴 졸이며 지켜볼 수 있으며 기대했던 결과가 나왔을 때는 남의 눈치 보지 않고 기뻐할 수 있다.

그것은 '공부'가 되었든 '일'이 되었든 똑같은 이치다.

나는 공부를 위해 나름대로 '노력'을 해왔으며 다행스럽게도 그것이 열매를 맺어 지금 이 위치에 있다고 생각한다. 그렇지만 '어느 누구보다 더 부지런히 노력했다'는 것은 아니며 지금의 위치가 노력과 실력만으로 얻어졌다고 생각하지도 않는다.

굳이 말하자면 나는 노력이라는 도박에서 승리한 것, 단지 그뿐이다.

그러나 모든 도박이 운에 의해서만 승부가 정해지지는 않는다. 사람은 저마다 다른 상황에서 태어나 다른 능력을 가지고 있으며 어떤 시험, 무슨 심사를 받든 그저 노력만 한다고 유리한 입장에 놓이는 것도 아니다. 단지 그 노력이라는 자원을 무엇에, 어떻게 이용할지를 잘 생각하면 그야말로 사기라도 친 것처럼 압도적으로 유리한 상황을 이끌어낼 수 있다. 이것이 바로 노력이라는 도박이다.

노력하지 않으면 아무것도 얻을 수 없다. 그리고 다시 한 번 강조하지만 단지 노력만 했다고 모든 것을 손에 넣을 수 있는 것도 아니다. 자신이 이루고자 하는 목표를 위해 최선의 노력을 기울일 뿐만 아니라 목표 달성에 무엇이 필요한지 철저하게 분석하고 그에 따르는 최신 정보를 모으거나 뛰어난 지도자의 협력을 끌어들이는 일 또한 매우 중요하다.

최단거리의 길만 올바르게 걸으면 곧바로 도달할 수 있는 곳이라도, 별다른 생각 없이 아무 데나 돌아다니다 보면 오랜 시간을 쏟아 부어도 제자리걸음만 할 수밖에 없다. 이것이 '노력이 열매를 맺지 못했다'고 말하게 되는 가장 큰 이유 중 하나이다.

무엇이 하고 싶고 무엇을 생각하고 있는가 하는 비전이나 미션도 사람마다 제각각이다. 무엇이 승리이고 패배이며, 어떤 것이 성공이고 실패인지 말하는 것조차 '불확실'한 상황에서 세상과 정면으로 마주해 자신의 목표지점을 찾아내야만 한다.

목표가 정해져 있지 않으면 달성이고 뭐고 당연히 없으며, 자신이 무엇을 하고 싶은지를 알고 이해할 수 있는 사람은 오직 자기 자신뿐이다. 그런 다음 목표를 달성할 수 있고 승리할 수 있는지, 혹은 성공할 수 있고 꿈이 실현되는지를 따져봐야

하지만 역시 그것은 아무도 '모른다.'

그렇지만 스포츠나 도박과 마찬가지로 모르기 때문에 오히려 더 재미있다.

목표를 설정하고, 상황을 분석하고, 마지막에는 자신의 직감으로 이곳이다, 하는 부분에 집중적으로 힘을 쏟아 부어야 한다. 그다음 결과가 만족스럽게 나타났다면 미친 듯이 춤추고 노래해도 뭐라 할 사람은 아무도 없다. 이런 과정을 즐길 줄 아는 경지에 이르렀다면 풍요로운 인생을 보낼 기회가 계속 주어지는 것은 아닐까.

앞에서 나는 도박을 하지 않는다고 했는데 이 말은 조금 부정확한 표현인 것 같다. 나는 어떤 의미로는 도박에 중독된 인생을 보내고 있다. 단지 경마나 슬롯머신, 복권 같은 게 아니라 바로 '노력이라는 도박'이다. 이 노력이라는 도박이 마냥 기쁘고 즐거워서 늘 자신을 성장시키기 위해 무슨 마법 같은 비법은 없을까 끊임없이 생각하기 때문에 잠시라도 도전을 멈출 수가 없다.

힘들고 골치 아픈 생각을 하면서까지 노력해야만 합니까? 이런 질문에 사람마다 자기 나름의 문제도 있고 하니 잘 모르겠다는 대답밖에는 할 수 없다. 하지만 분명히 말할 수 있는

한 가지는 '진정 어린 노력은 말도 못할 만큼 큰 흥분을 준다'
는 것이다.

나는 일확천금을 얻기 위해 도박이나 투기에 관심을 갖는
사람을 만나면 언제나 위험은 적고 보답은 많은(low risk, high
return)데다가 말도 못할 정도의 흥분감을 만끽할 수 있는 노력
이라는 도박에 빠져보는 건 어떤가, 하며 적극적으로 권하고
있다.

행운을 믿고 도전하면 확률적 성공을 이룰 수 있다

이제 이 책의 내용을 접어야 할 때가 왔는데, 마지막으로 '행운을 믿는다'는 것의 중요성에 대해 몇 마디 덧붙이고자 한다.

'행운을 믿는다'는 말은 아무런 근거 없이 무모한 일을 하라는 뜻이 아니다. 행운을 믿는 사람은, 확률적으로 사물을 포착하고 처해 있는 상황의 불확실성을 '가시화'하여 마지막의 마지막에는 다소의 위험부담이 있는 일에 도전하더라도 '괜찮다'라는 용기를 갖고 한 걸음 내디딜 수 있다. 행운을 믿는 사람이냐 아니냐는 결국 마지막의 마지막에 어떤 판단을 하는지에 따라 갈리게 된다.

자, 여러분은 자신의 행운을 믿는가?

왜 행운을 믿는 것이 중요할까? 행운을 믿음으로써 더 많은 도전을 할 수 있고, 그에 따라 끊임없이 기회가 찾아오기 때문이다.

예를 들어 성공률 20%의 도전을 할 때, '행운을 믿을 수 있다'라고 생각하는지 '어차피 무리니까 그만두자'라고 여기는지에 따라 시도의 횟수가 달라진다. 전자의 생각을 가지면 도전 기회가 생기므로 확률적으로는 0.2개의 '성공'을 획득할 수 있지만, 후자의 경우에는 그것마저 아예 없어져버린다.

하나하나를 보면 낮은 확률일지언정 이것이 계속 쌓이면 어떻게 될까? 간단히 생각해도 성공률 20%인 도전을 다섯 번 하면 확률적으로 한 번 정도는 반드시 '성공'한다.

물론 실패했을 경우 치유되기 힘들 만큼 심각한 상처를 입을 위험이 있다면 무리하게 애쓸 필요는 없다. 하지만 그 어떤 실패라도 실제로 '가시화'하고 나면 단지 약간의 실망 정도로 극복할 수 있는 경우이거나 아니면 주변 사람들을 조금 거북하게 만드는 데 그치는 경우도 많다.

그러므로 기본적으로 다음의 세 가지를 꼭 명심하자.

- 막연히 실패를 두려워하지 말고, 실제로는 생각했던 만큼 심각하지 않다는 점을 인식하라.
- 도전은 계속돼야만 한다.
- 무슨 일을 하든지 스트레스를 받지 않으려면 자신의 행운을 믿어야 한다.

이것이 확률적으로 본, 인생에서 더 많은 성공을 손에 넣기 위한 비결이라고 생각한다. 복권 따위보다 더 저 위험 고 보답을 얻을 기회가 세상천지에 널려 있으니까, 꼭 여러분도 올바른 확률적 사고를 가지고 끊임없이 도전하여 풍요로운 인생을 보내기를 바란다.

무조건
**가위바위보
이기는 법**

초판 1쇄 발행 2013년 11월 18일
개정판 1쇄 발행 2015년 8월 14일

지은이 니시우치 히로무
옮긴이 신현호
펴낸이 이범상
펴낸곳 (주)비전비엔피·비전코리아

기획 편집 이경원 박월 윤자영 강찬양
디자인 최희민 김혜림 이미숙
마케팅 한상철 이재필 김희정
전자책 김성화 김소연
관리 박석형 이다정

주소 우) 04034 서울특별시 마포구 잔다리로7길 12 (서교동)
전화 02) 338-2411 | **팩스** 02) 338-2413
홈페이지 www.visionbp.co.kr
이메일 visioncorea@naver.com
원고투고 editor@visionbp.co.kr

등록번호 제313-2005-224호

ISBN 978-89-6322-084-0 03320

이 도서의 국립중앙도서관 출판시도서목록(CIP)은 e-CIP홈페이지(http://www.nl.go.kr/ecip)와 국가자료공동목록시스템
(http://www.nl.go.kr/kolisnet)에서 이용하실 수 있습니다.(CIP제어번호: CIP2015020366)